Numérologie chaldéenne

Les tables, les calculs, la signification des nombres chaldéens pour votre guidance intérieure

TEMPLUM DIANAE

- MEDIA -

fr.templumdianae.com

İNDEX

Contenu

LE SYSTÈME CHALDÉEN

Bien qu'il existe plusieurs systèmes de numérologie utilisés aujourd'hui, seule la numérologie chaldéenne a fait ses preuves au fil des ans.

Les Chaldéens ont été les premiers à reconnaître que tout est énergie et à relier les sons aux vibrations, les vibrations aux nombres et les nombres aux lettres. En substance, les Chaldéens ont été les premiers à reconnaître que tout est énergie et à relier les sons aux vibrations, les vibrations aux nombres et les nombres aux lettres. Hautement spirituel par nature, ce système est original dans le jeu des nombres et a été le premier à relier les significations originales des lettres à l'analyse des noms. Au-delà de votre nom, il examine les énergies des lettres individuelles et ce qu'elles signifient pour vous, et au-delà de votre date de naissance, les vibrations spécifiques de votre chemin de vie, c'est-à-dire ce que vous êtes ici pour faire, être ou apprendre.

Malgré sa réputation d'être difficile à apprendre (c'est pourquoi il a presque disparu de l'histoire), ce système est en fait très facile à maîtriser. Une fois que vous en connaîtrez les secrets, il deviendra un outil unique et précieux pour votre vie personnelle et quotidienne. Il vous fournit non seulement un "plan" personnel, mais vous donne également un aperçu des autres.

Les anciens Chaldéens

Il y a plus de deux mille ans, les anciens Chaldéens vivaient à l'extrémité sud de Babylone, près des embouchures luxuriantes du Tigre et de l'Euphrate. Bien que les origines de ce peuple plutôt mystérieux aient été et soient toujours inconnues, il a conquis le trône de Babylone (le plus célèbre de ses rois est Nabuchodonosor, qui a régné de 606 à 561 avant J.-C.), où il est resté pendant plus de soixante-quinze ans. Bien que de nombreuses structures de base, telles que l'habitat, l'agriculture et l'industrie, aient déjà été mises en place au moment où ils sont montés sur le trône, les Chaldéens ont apporté l'astrologie, les mathématiques et la spiritualité les plus avancées en tant qu'éléments édifiants de la société, qui comprenaient un mélange intéressant de culte de la lune, d'observations ésotériques et de méthodes de magie et de divination. Il n'est donc pas surprenant que la Babylonie dans son ensemble soit souvent considérée comme le "berceau de la civilisation" : le fait que relativement peu de documents sur les Chaldéens, leurs origines, leurs systèmes de croyances et leurs pratiques aient été écrits par le peuple lui-même ne fait que souligner le mystère général qui les entoure et le rôle qu'ils ont joué dans la diffusion ultérieure de la connaissance et de la science dans le monde occidental. Cependant, malgré l'absence de documents originaux, le système de numérologie attribué aux Chaldéens a non seulement survécu, mais s'est avéré être une méthode incroyablement précise pour mesurer les énergies. Essayez-le vous-même et vous serez étonné de sa précision et de son caractère unique.

votre vibration

Vous êtes-vous déjà demandé comment vous vous "présentez" aux autres ? Ou quel type de vibration vous dégagez ? Cet oracle aux multiples facettes vous le dira, ainsi que bien d'autres choses.

La numérologie chaldéenne suit les fluctuations énergétiques créées lorsque vous pensez ou parlez, ou lorsque quelqu'un d'autre le fait. En d'autres termes, le son émis par votre bouche envoie des fréquences qui vous affectent, vous et ceux qui vous entourent.

Les mots les plus courants qui vous sont associés se trouvent dans votre nom et leurs vibrations en disent long sur vous, vos attitudes, vos caractéristiques, vos niveaux de pouvoir et bien d'autres choses encore, mais seulement pour une oreille avertie. Pour illustrer le concept des vibrations sonores, considérez ce qui se passe lorsque vous jouez du piano : il produit différents sons, certains aigus et d'autres doux, mais tous résonnent dans la pièce, même lorsqu'une note n'est jouée qu'une seule fois. En plus d'être entendue ou ressentie, la numérologie chaldéenne permet de "lire" les énergies des lettres et les vibrations des nombres. Dans un nom, par exemple, chaque lettre a une signification et une histoire, l'emplacement des lettres et la fréquence des nombres révèlent des caractéristiques, des modèles, des forces, des faiblesses, des chemins, des liens spirituels et des défis. En pratique, votre nom est comme une chanson : beaucoup peuvent fredonner l'air, mais sa véritable signification ne peut être découverte qu'en sachant lire les mots.

Qu'est-ce qu'un nom ?

Les lettres et les chiffres sont comme les traits individuels qui composent l'image de l'énergie des mots. Les mots sont vivants. Ils vivent. Vous savez certainement que les mots peuvent blesser et que "la plume est plus puissante que l'épée". En effet, les jeux de mots sont omniprésents ; regardez attentivement "mots", déplacez le "s" et vous obtenez "épée". (en anglais Word - Sword) L'alphabet et ses composants ne se résument pas à ce que l'on voit, et cela s'applique également à votre nom.

Observons la lettre D. Cette lettre représente avant tout une "Porte" et a une signification traditionnelle de stabilité des fondations. Son chiffre porteur est le 4, le chiffre des fondations solides. La combinaison de ces deux éléments produit une énergie fixe, routinière, prévisible et parfois stagnante qui, comme une porte, a deux côtés et peut être ouverte ou fermée dans l'attitude. Dans la vie d'une pierre angulaire D, il y a souvent des défis importants ou des luttes qui dépassent la norme ; cela dit, la pierre angulaire D est également tenace et n'abandonne pas facilement. En plus d'être fiable et assez domestique, le D peut être têtu et intransigeant, au point qu'aucune supplication ou persuasion ne le convaincra d'ouvrir la porte, et encore moins de sortir de sa zone de confort pour explorer un nouveau terrain. D'un autre côté, le D positif sera ouvert aux possibilités et aux opportunités et désireux d'explorer "l'autre côté", mais il voudra toujours rentrer chez lui et se retirer derrière l'intimité de ses propres portes fermées.Maintenant, pensez à quelqu'un que vous connaissez et dont le nom commence par un "D". Les descriptions ci-dessus vous rappellent-elles quelque chose ?

Par conséquent, le simple fait de connaître le nom d'une personne, ou même ses initiales, en dit long sur elle. Imaginez ce qu'un tableau complet peut révéler.

Qu'est-ce qu'un chiffre ?

Voyons maintenant comment fonctionnent les énergies numériques. Imaginez que vous tenez un grand seau au fond duquel se trouve un seul centime, puis imaginez que ce même seau contient 10 000 centimes : l'addition de plusieurs nombres (ou zéros) a créé une opportunité digne d'un voyage à la banque. Le placement d'éléments numériques affecte toujours les autres nombres, comme 10 % d'une action est préférable à 0,01 %. Cette règle s'applique à tous les arrangements de chiffres (et de lettres) : chacun influence l'autre d'une manière ou d'une autre. Pensez à l'ordinateur que vous avez chez vous. Pensez ensuite à tous les autres ordinateurs qui existent et à l'énorme portée du World Wide Web. Au centre de ce système se trouve le chiffre 1 et le chiffre 0, une idée plutôt surprenante si l'on s'y arrête. Le fait est que tout sur cette Terre peut être ramené aux chiffres et que vous êtes influencé par eux comme n'importe qui d'autre.

La face cachée des chiffres et des lettres

Comme tout le monde, vous avez certainement des jours où vous vous sentez plus léger que l'air et d'autres où vous vous sentez plus lourd que le béton. Tout et tout le monde a un potentiel de réactions et d'humeurs positives et négatives, et comme tout est énergie, les chiffres et les lettres n'échappent pas à la règle. Cependant, ils ne souffrent pas de sautes d'humeur, mais sont porteurs des deux potentiels (positif et négatif) : chaque chiffre a une vibration négative, de même que chaque lettre. Bien que j'en énumère quelques-unes à la fin de chaque description, la façon la plus simple de repérer les négatives est d'inverser les positives.

La seule chose qui m'est apparue est que ce que j'appelle les personnes "non développées" n'ont que peu ou pas d'intérêt pour les questions ou les applications liées à l'amélioration de soi et à la spiritualité et que, par conséquent, elles ne liront que rarement, voire jamais, un livre comme celui-ci.

Les manifestations négatives les plus dangereuses se produisent avec les nombres les plus puissants, par exemple ceux qui ont une force ou une taille très élevée.

Les nombres 1 et 8 sont deux des nombres les plus potentiellement négatifs (et le 9 a aussi ses moments), tandis que les maîtres élevés tels que le 11 (en particulier) et parfois le 22 peuvent créer des énergies "monstrueuses", dont je parlerai plus loin. Si quelqu'un dans votre vie correspond aux descriptions négatives et souvent dangereuses d'un nombre, vous découvrirez probablement que vous le saviez déjà : l'intuition est un don extraordinaire. Écoutez ses avertissements et partez ou cherchez de l'aide. Les énergies sombres mettent un certain temps à devenir telles et ne changent pas nécessairement d'avis du jour au lendemain. Si elles sont bien établies, il y a de fortes chances que ces énergies deviennent nuisibles pour les autres.

Cela dit, ne soyez pas surpris si certaines des descriptions négatives s'appliquent à vous : tant qu'il ne s'agit pas de traits continus ou accentués, vous n'avez pas à vous inquiéter. Nous sommes tous un

mélange de dualités et d'opposés et un mélange relativement équilibré est considéré comme normal. Même le soleil a ses mauvais jours.

Quelle est la différence entre les systèmes ?

L'un des systèmes numérologiques les plus populaires, connu sous le nom de numérologie occidentale et attribué à Pythagore (vers 500 av. J.-C.), diffère considérablement du système chaldéen. Le système pythagoricien est basé sur des modèles séquentiels plutôt que sur des vibrations sonores. L'alphabet est disposé dans l'ordre et sous une table de nombres allant de 1 à 9. Une différence substantielle réside dans le 9 : le numéro de téléphone est le numéro qui se trouve en haut de la liste. Une différence substantielle réside dans le 9 : les anciens Chaldéens considéraient ce nombre avec un énorme respect ; il n'était donc pas inclus dans la table des nombres, bien qu'il puisse être trouvé en tant que nom total. Aux yeux de ces anciens, ce nombre était sacré, peut-être en partie à cause de son lien avec l'infini (c'est le seul nombre qui peut être multiplié par n'importe quel autre nombre et revenir constamment à son noyau) ; cependant, Pythagore ne lui accordait pas d'attention particulière, attribuant même les lettres I et R à son domaine. De plus, ce dernier système est basé sur des informations provenant uniquement de votre nom de naissance ou de votre prénom, alors que la numérologie chaldéenne se concentre uniquement sur le nom que vous portez actuellement : après tout, ce sont les énergies qui vous influencent à tout moment.

Un autre aspect à prendre en compte est le changement de nom. Que ce soit par vertu ou par choix - adoption, mariage, divorce, ou même par le développement de surnoms - les noms peuvent changer et changent effectivement, modifiant ainsi les vibrations énergétiques. Par-dessus tout, aucun autre système ne traite spécifiquement de la signification des lettres dans l'énergie d'un nom, pas plus qu'il ne véhicule les messages spirituels intrinsèques au système chaldéen. Il suffit de dire que le système chaldéen est unique - et qu'il fonctionne.

L'histoire de notre alphabet

Les anciens Chaldéens utilisaient un ensemble de symboles différents de ceux d'aujourd'hui. Appelée cunéiforme (qui ressemble plutôt à des clous droits dont les pointes s'emboîtent les unes dans les autres), cette méthode était utilisée davantage par nécessité. La plupart des enregistrements étaient effectués sur des tablettes d'argile mouillées et il était beaucoup plus efficace de faire des marques droites que d'essayer de dessiner des courbes. Cependant, les sons et les symboles sont restés un thème prédominant pendant de nombreuses années d'ajouts et d'adaptations successifs impliquant des pictogrammes, des hiéroglyphes égyptiens, des ajouts grecs, des stylisations romaines et des contributions des Phéniciens et des Hébreux, entre autres, mais l'essence centrale de la numérologie chaldéenne est restée intacte. Cette essence a été préservée pendant des milliers d'années et est aussi précise aujourd'hui qu'elle l'était dans l'Antiquité.

Ce qui a commencé comme un lien relativement simple entre le son et le symbole s'est transformé en l'alphabet tel que nous le connaissons aujourd'hui, un processus qui a pris plusieurs centaines d'années, mais qui est bien plus que cela. Notre alphabet parle sa propre langue et la numérologie chaldéenne nous permet de traduire ce qui est dit sans avoir à calculer les voyelles, etc. Ce système est complet en lui-même et vous dira tout ce que vous avez besoin de savoir sur votre "moi". Calculer vos nombres avec cette méthode est le début d'un voyage qui ne concerne que vous.

Le tableau numérologique chaldéen

dans la carte chaldéenne originale que nous utiliserons pour tous les calculs (vous trouverez peut-être utile de dessiner à la main votre propre version). C'est ici que vous commencerez à découvrir et à faire ressortir les défis, les forces et les leçons qui se trouvent dans les vibrations mystérieuses et spirituelles de votre nom et de votre chemin de vie.

nom et de votre chemin de vie.

1	2	3	4	5	6	7	8
A	B	G	D	E	U	O	F
Q	R	C	M	H	V	Z	P
Y	K	L	T	N	W		
I	S			X			
J							

   Là encore, il est important d'utiliser le nom sous lequel vous êtes le plus connu ou le plus fréquemment utilisé. Si vous êtes né Terrence, mais qu'on vous appelle Terry, le nom que vous utiliserez sera Terry. De même, si vous êtes toujours légalement marié mais que vous utilisez votre nom de jeune fille dans la vie de tous les jours, c'est votre nom de jeune fille que vous utiliserez. La chose la plus importante à retenir est que le nom que vous vous donnez ou que vous vous donnez régulièrement est l'énergie que vous projetez et le seul nom qui a de l'importance à l'heure actuelle.

Des chiffres comme des années

Un aspect moins évident, mais néanmoins pertinent, des noms et des nombres concerne le nombre d'années que chaque lettre couvre. La valeur numérique de chaque lettre se réfère également au nombre d'années nécessaires au transit énergétique de cette lettre. Par exemple, mon nom correspond à un sub 27, ce qui signifie que j'ai effectué le premier transit énergétique de "Heather" à l'âge de 27 ans. La deuxième fois que j'effectuerai ce transit, j'aurai 54 ans, et ainsi de suite. Lorsque vous regardez le tableau chaldéen, considérez ces nombres comme des années, pas seulement comme des énergies. Lorsque vous calculez et enregistrez votre numéro de nom et les résultats de votre parcours de vie, gardez à l'esprit que chaque lettre commente les étapes que vous traverserez depuis la naissance jusqu'à, eh bien, jusqu'à ce que vous quittiez ce plan terrestre.

Un mot sur le processus

Une fois que vous aurez déterminé vos chiffres et vos lettres et que je vous aurai expliqué les différents départements dans lesquels se trouvent vos noms, vos lettres et vos chiffres, nous passerons aux anciennes significations des symboles : premièrement, les chiffres, qui sont, comparativement, plus rapides à apprendre et plus tard à comprendre lorsqu'ils sont mentionnés dans la section alphabétique ; deuxièmement, les lettres de l'alphabet, qui ajouteront des dimensions plus profondes à la signification des nombres.

Le processus d'analyse est très individuel et personnel, alors assurez-vous d'accorder un moment ou deux de contemplation aux connexions ou aux messages qui émergent lorsque vous étudiez vos nombres, sous-ensembles ou autres, car chaque nombre de votre thème est là pour une raison et contient un message spécial pour vous. Tout ce que vous avez à faire, c'est d'être ouvert aux pensées apparemment aléatoires qui vous traversent l'esprit.

Apprendre à déchiffrer et à percer les mystères de vos noms est plus facile qu'il n'y paraît. Suivez les catégories que j'ai énumérées et notez les résultats : ils vous indiqueront comment séparer les différentes formes de vos noms et ce qu'elles révèleront. N'oubliez pas de noter vos résultats, car le résumé visuel final de vos chiffres vous montrera souvent des liens qui auraient pu passer inaperçus.

ANALYSE DES NOMS
AVEC LE SYSTÈME CHALDÉEN

Prenez une grande feuille de papier et un stylo et écrivez votre prénom, votre deuxième prénom et votre nom de famille en lettres capitales en haut de la page. Plus bas, écrivez le mois (1-12) et le jour de votre naissance. Laissez suffisamment d'espace au-dessus, au-dessous, entre et à côté de vos noms pour les notes et les ajouts. Au-dessus de chaque lettre de votre nom, notez le numéro sous lequel elle se trouve sur la feuille comme dans le papier chaldéen, comme illustré dans l'exemple suivant :
(John Adam Smith sont 3 noms)

```
J O H N   A D A M   S M I T H
1 7 5 5   1 4 1 4   3 4 1 4 5
```

Maintenant, faites le total de tous vos noms individuellement.

```
J O H N   A D A M   S M I T H
1 7 5 5   1 4 1 4   3 4 1 4 5
 =18        =10        =17
```

Ces nombres secondaires (18, 10 et 17) sont maintenant réduits à un seul chiffre.

```
J O H N   A D A M   S M I T H
1 7 5 5   1 4 1 4   3 4 1 4 5
  =18        =10        =17
   =9         =1         =8
```

Nous savons donc que les numéros de John Adam Smith sont 9, 1 et 8. Procédez de la même manière pour obtenir votre série de nombres. Si votre nombre secondaire est toujours à deux chiffres (par exemple 19/10), continuez à ajouter jusqu'à ce que vous atteigniez un nombre à un chiffre (10/1), à moins qu'il ne s'agisse d'un nombre maître (11, 22, 33).

Au fur et à mesure que nous parcourons les différentes catégories de l'analyse du nom, notez que chaque résultat de catégorie se trouve sous la rubrique principale du nom.

Numéros de maître 11, 22, 33,

Si, par hasard, un ou plusieurs de vos noms totalisent un sous-nombre final composé de maîtres nombres tels que 11, 22 ou 33 (dont je parlerai plus loin), ne les réduisez pas à des nombres uniques. Il s'agit de manifestations supérieures de nombres réguliers

L'échelle des nombres de 1 à 9 est autonome. Il s'agit des Maîtres Nombres les plus courants, bien qu'ils se retrouvent dans toute l'échelle des nombres. (Si vous découvrez plusieurs Maîtres Nombres dans vos noms, vous faites partie d'un groupe rare et vous avez accès à des sources de pouvoir supérieures, ce qui sera expliqué plus loin. En général, cependant, les Maîtres supérieurs sont l'exception plutôt que la règle).

Ainsi, un prénom de 11 combiné à un second prénom de 22, le total sera de 33. C'est le seul cas où la loi numérologique de l'addition ne s'applique pas. Les énergies du Maître ne peuvent pas "vibrer" pendant de longues périodes de temps, donc dans les périodes d'inactivité ou de déclin, elles fonctionneront à un niveau connectif inférieur, ou comme ce que j'appelle des nombres "calmes", tels que 2 (11), 4 (22) et 6 (33), respectivement. Mais pour les calculs, laissez ces nombres tels qu'ils tombent et comptez-les comme des nombres finaux.

Votre nom de jour

Votre nom quotidien est le nom par lequel vous êtes appelé et connu le plus souvent et a l'impact le plus immédiat sur le calcul des énergies de votre nom ; c'est l'énergie globale que nous projetons ou que nous permettons aux autres de voir sur une base quotidienne. Comme la couverture rigide d'un livre, le nom quotidien représente ce que l'on voit de l'extérieur. Il s'agit d'une vue extérieure semi-casuelle qui offre un peu d'information, cachant toute l'histoire et offrant une couche de protection contre le mal ou l'abus.

Le nom et le prénom d'une personne révèlent beaucoup de choses, mais l'âme intérieure, ou deuxième prénom, reste bien cachée pour n'être montrée qu'à quelques personnes spéciales (ne vous inquiétez pas si vous n'avez pas de deuxième prénom ou si vous en avez plus d'un : nous en parlerons également). (Ne vous inquiétez pas si vous n'avez pas de deuxième prénom ou si vous en avez plus d'un : cela aussi sera traité).

Pour obtenir le total final de votre nom quotidien, il suffit d'ajouter les chiffres de votre prénom aux chiffres de votre nom de famille. Vous obtiendrez ainsi une combinaison de nombres secondaires, puisque le 18 de John et le 17 de Smith forment le nombre secondaire 35. Le total du nom quotidien de Jean Dupont s'obtient en additionnant les chiffres de ce nombre secondaire (3+5), son nom quotidien est donc 8. Cela signifie que sa personne en général, lorsqu'elle opère dans le monde social, reflète le style du 8 moyen.

Votre nom de jour reflète votre présentation extérieure générale, vos caractéristiques, votre personnalité, vos défis et vos styles d'interaction. Ce n'est pas seulement la façon dont vous choisissez (même inconsciemment) d'être vu, c'est aussi la façon dont les autres vous voient et comment ils réagiront à vous et aux énergies que vous projetez.

Numéros secondaires

Tous les nombres secondaires commentent le fonctionnement interne de votre personnalité, y compris vos énergies naturelles et la façon dont elles peuvent être utilisées au mieux dans cette vie. Les nombres secondaires révèlent souvent vos pensées, vos idées, vos talents naturels, vos désirs secrets et vos habitudes et sont de bons indicateurs de la plate-forme qui vous servira le mieux et dont vous pourrez tirer le plus d'enseignements au cours de votre voyage dans cette vie. Par exemple, le sous-nombre 35, en raison de son niveau élevé d'agilité physique et mentale et de changement, peut indiquer qu'une carrière qui implique de l'activité et de la stimulation peut être favorable à une carrière qui implique de rester assis à la même place pendant huit heures. Ce dernier scénario n'honore pas le besoin de nourrir l'esprit et le corps (3), ni la soif d'indépendance et de liberté (5). Les sous-numéros peuvent éclairer différents domaines et de différentes manières.

En règle générale, tous les sous-nombres comptent, mais le dernier sous-nombre (celui qui précède immédiatement le dernier chiffre) est celui qui contient le message le plus fort pour vous. Si l'un de vos noms se décompose en plusieurs sous-nombres (par exemple 48/12 = 3), tenez compte du premier sous-nombre et de ses liens, mais concentrez-vous surtout sur le dernier sous-nombre (dans ce cas 12), avant d'arriver au nombre final du nom, car c'est souvent lui qui contient les messages les plus pertinents. Parfois, ces messages font référence à des événements réels, parfois ils commentent le type de travail qui vous rendrait heureux, parfois il s'agit de messages très personnels qui n'auront de sens que pour vous. Tous les sous-ensembles ajoutent différentes nuances et nuances au nombre total du nom : ils montrent les nuances spécifiques des prédispositions, des préférences, des besoins personnels, des tendances, des désirs non exprimés et ajoutent une touche personnelle aux énergies de votre nom individuel.

si vous n'avez pas de numéro secondaire ?

Si, par hasard, une ou plusieurs de vos énergies de nom totalisent un seul nombre sans d'abord atteindre un sous-nombre, la signification est similaire à celle de ne pas avoir de deuxième nom ; cela signifie que cette énergie de nom est ce qu'elle est. Cela signifie que l'énergie de ce nom est ce qu'elle est, qu'elle est honnête quant à son identité et à ce qui lui tient à cœur. Prenons le nom Mia : ce nom est composé de 4+1+1 et totalise directement 6. Il n'y a pas de deuxième prénom. Il n'y a pas de deuxième prénom.

nombre secondaire. Dans ce cas, la signification du chiffre en question est très fidèle à ses descriptions traditionnelles : le chiffre 6 est lié à l'amour, au foyer et à la communauté, et c'est là qu'il donnera le meilleur de lui-même : faire quelque chose que l'on aime beaucoup, passer du temps avec ceux que l'on aime beaucoup, et aider au sein du foyer et de la communauté de la manière la plus efficace. Ceci s'applique à tout chiffre unique direct ; l'énergie numérique obtenue englobera ses significations traditionnelles sans la présence parfois distrayante d'énergies secondaires. Il y a rarement des intentions cachées ou des qualités subversives, et le jeu n'est généralement pas une priorité. L'énergie d'un nom à un chiffre est souvent l'expression pure de sa valeur numérique.

Le numéro unique

Le nombre total de votre nom est exactement ce à quoi il ressemble :
c'est le total de tous vos noms combinés et il comprend votre prénom,
votre deuxième prénom et votre nom de famille. Le nombre final de ces
noms combinés vous donnera une indication du potentiel que votre
énergie portait lorsqu'elle est entrée sur ce plan terrestre. Voici à quoi
ressemblent les calculs du nombre total de noms de John Adam Smith :

```
J O H N   A D A M   S M I T H
1 7 5 5   1 4 1 4   3 4 1 4 5
  =18       =10        =17
  =9        =1         =8

Sub#            Total Name #
 45                  9
 18                  9
```

Le premier numéro secondaire de John est 45 ; son deuxième (et
principal) numéro secondaire est 18 et son nombre total de noms est 9.

Votre total personnel est celui qui est utilisé pour évaluer votre
potentiel ultime et "juste", c'est pourquoi c'est aussi l'énergie qui
représente la façon dont nous sommes perçus par les organisations ou
les personnes officielles, telles que le gouvernement, le système médical
et judiciaire, ou toute autre chose similaire. En général, cependant, elle
indique ce que vous pouvez réaliser dans votre vie si vous le souhaitez.
C'est le cadeau que l'Univers vous a envoyé : l'utiliser ou non est une
décision individuelle, mais le message du nombre secondaire principal
(18 pour John) est généralement un coup de pouce dans la bonne
direction. Ce nombre secondaire peut indiquer ce qui doit être
accompli, dépassé, accepté ou honoré avant que nous puissions nous
brancher sur la longueur d'onde universelle de notre Nombre Total
Nommé. (Au cas où vous seriez curieux, Jean devrait examiner ses
propres croyances ou schémas fondamentaux [4] et procéder à de
sérieux changements [5] afin de surmonter son besoin ou son
impulsion [1] de se sentir maître de la situation [8] avant d'être capable
ou équipé pour entrer dans les aspects gratifiants, intuitifs, créatifs et
spirituels de son Nombre Total Nommé [9]).

Nombres entiers

Les nombres entiers sont les totaux individuels obtenus pour chaque nom, puisque le total séparé pour le nom Jean est 9 (si vous avez complété les nombres quotidiens et totaux du nom, vous connaissez déjà vos nombres entiers). Que ces énergies numériques soient liées au prénom, au second prénom ou au nom de famille, le nombre entier du nom se réfère toujours à l'addition complète (ou au dernier chiffre, sauf dans le cas des nombres maîtres) d'un nom individuel. Dans le cas du prénom, ou du nom social, cette énergie reflète l'essence générale de l'image que vous projetez lorsque vous êtes à l'extérieur. Le nombre entier du milieu ou nombre "intérieur" montre ce que vous ressentez à propos de votre "moi" ou de votre attitude intérieure, tandis que le dernier nombre entier ou nombre du foyer commente vos expériences de croissance ou de mariage... ou, dans le cas d'un changement de nom, les énergies avec lesquelles vous vous êtes connecté de cette manière.

Le calcul du nombre entier du nom peut être utile dans des contextes sociaux lorsque le nom de famille est inconnu : les avantages de pouvoir déterminer l'énergie sociale globale d'une personne deviendront plus évidents au fur et à mesure que nous avançons, mais le fait est que tout nombre entier du nom, que ce soit le premier, le deuxième ou le dernier, décrit l'énergie vibratoire globale qui est intrinsèque à ce nom : les lettres qui forment le nom vous en diront beaucoup plus sur les styles et les tendances de la personne.

Cela dit, commençons par quelques notions de base, comme l'aspect de vous-même que représente chaque nom complet.

Votre prénom - Personne sociale

Votre prénom est toujours un miroir de la façon dont les autres vous voient ou dont vous vous présentez en public : l'énergie que vous portez et que vous projetez et l'énergie à laquelle les gens réagissent à un niveau essentiellement social et parfois inconscient. Il s'agit du travail, des amis, des voisins, des rendez-vous galants, des fêtes et autres rassemblements sociaux. C'est le visage que nous arborons lorsque nous allons faire les courses, au cinéma, dans le bus ou lorsque nous discutons avec la serveuse. Cela ne veut pas dire que nous ne

sommes pas nous-mêmes, mais simplement que nous nous sentons tous un peu vulnérables et que nous ne pouvons pas nous empêcher de montrer les parties sensibles de notre âme à tout le monde. L'énergie de notre nom social est un bouclier protecteur que certains portent légèrement et rejettent facilement, tandis que d'autres le portent avec raideur et l'enlèvent rarement. Nos noms servent d'énergie de présentation sociale pour interagir avec les autres avec facilité. Bien sûr, à un niveau plus profond, il indique également nos intérêts, notre personnalité, nos goûts, nos habitudes et notre "statut" dans la vie.

Deux prénoms

Si une personne porte deux prénoms, elle peut choisir (le plus souvent inconsciemment) entre deux manières différentes de se présenter ou adapter plus facilement son comportement à des situations différentes. D'un autre côté, deux prénoms peuvent aussi être un indicateur malheureux d'un double caractère, ou de deux personnalités distinctes et différentes qui peuvent émerger en fonction de la situation, de la personne ou de l'émotion en jeu. Par exemple, un double-nom peut être le type le plus gentil du monde, mais alors que vous profitez d'un bon dîner au restaurant, son steak arrive bien cuit, alors qu'il l'avait commandé saignant. Ce double-nom pourrait soudainement montrer son alter ego et vous mettre dans l'embarras sous la table, voire à la porte arrière du restaurant. Ces comportements inattendus et peut-être inhabituels peuvent facilement être liés au nom porteur de la vibration la plus puissante (comme le 8) et être démonstratifs de son énergie.

Cependant, la plupart d'entre nous n'ont qu'un seul prénom, et même si vous en avez deux, cela fait de vous une personnalité plus complexe et plus énigmatique. Si vous ne vous sentez pas à l'aise avec l'un de vos prénoms, faites confiance à ce sentiment et renoncez à l'utiliser.

En résumé, un double nom reflète toujours votre énergie sociale, ce que vous en faites et comment elle est perçue par les autres.

Votre deuxième prénom - l'énergie intérieure

Le deuxième nom, comme je l'ai déjà mentionné, est peut-être l'énergie
la plus importante de toute l'analyse, car il révèle la vérité sur votre
âme intérieure. Il révèle les talents cachés, les véritables motivations,
les désirs et le niveau que votre âme a atteint ou essaie d'atteindre :
c'est comme l'endroit où nous pouvons tous être seuls avec notre "moi".

Il révélera souvent d'étranges messages de l'ombre provenant des
royaumes divins, expliquera certains sentiments ou désirs, ou résoudra
simplement des énigmes dont une personne était consciente mais
qu'elle ne pouvait résoudre seule pour une raison ou une autre. Parfois,
cependant, le deuxième nom peut fournir une validation précieuse,
confirmant que la direction poursuivie ou le chemin parcouru est le
bon, malgré les mauvaises conditions de la route. Un encouragement
spirituel fort va au cœur du problème et offre un aperçu du véritable
caractère et de la manière dont les dons uniques de chaque personne
peuvent être utilisés au mieux, à la fois pour le bien des autres et pour
le bien de soi-même. L'essence intérieure révèle souvent des
insécurités, de forts doutes sur soi et des échecs périodiques ; en effet,
c'est là que l'on trouve souvent la clé pour se libérer de la "prison" : elle
peut montrer ce qui manque dans la vie d'une personne et quelle clé
permettra d'en sortir plus rapidement. C'est également là que les
attributs personnels se font connaître, généralement en termes très
clairs, ce qui peut également inspirer la chaleur de la reconnaissance.
Des forces méconnues ou enfouies se révèlent souvent et sont enfin
possédées avec bonheur.

Un lien important à rechercher concerne votre deuxième prénom et les
énergies présentes dans votre chemin de vie, c'est-à-dire le jour et le
mois de naissance. Lorsque des vibrations apparentées ou même
identiques sont évidentes (par exemple, mon deuxième prénom et mon
jour de naissance ont tous deux une valeur de 10), cela indique des
talents, des capacités ou des objectifs spécifiques qui ont toutes les
chances de se réaliser une fois que l'ego a été accepté pour ce qu'il est :
le côté humain de l'équation. Vous connaissez sans doute l'un de mes
dictons préférés : nous sommes des esprits qui vivent une expérience
humaine et non l'inverse. Mais le fait est que l'ego humain est fort,
parfois plus fort que la foi. Si vous trouvez ce lien dans vos chiffres (et

même si vous ne le trouvez pas), sachez que peu importe la difficulté des circonstances actuelles (surtout si vous suivez votre rêve), les missions et les intentions honorables sont toujours soutenues par l'Univers, même s'il peut être difficile pour l'esprit de vaincre l'ego. En fait, tout le processus d'analyse est basé sur cela : l'ego contre l'esprit. Même les personnes les plus conscientes sur le plan spirituel souffrent de luttes périodiques entre la foi et le doute ; ce dernier favorise le doute que quelque chose de bien puisse se produire et doute ensuite lorsque cela se produit. Après tout, combien de temps une bonne chose peut-elle durer ? Nous doutons que nous méritons vraiment quelque chose de bien ; en fait, nous doutons même que nous soyons de bonnes personnes. Nous doutons que les autres nous comprennent vraiment - et si c'était le cas, ne prendraient-ils pas leurs jambes à leur cou ? Le doute est l'écueil de la foi.

C'est là que se situe la lutte entre les émotions humaines et les convictions spirituelles. L'analyse des noms peut nous rassurer sur la présence de bonté dans nos cœurs, même si elle est profondément enfouie. Parce que nous sommes des esprits engagés dans des expériences humaines, nous ne sommes pas parfaits ; nous devons accepter nos éléments humains et nos fragilités : ils constituent une part importante de nous-mêmes et de nos leçons. C'est un aspect important de la numérologie chaldéenne : accepter les leçons que l'on nous enseigne, les absorber et grandir avec elles, plutôt que de perdre du temps à essayer d'expliquer, d'ignorer ou de justifier nos aspects négatifs. Le deuxième nom abrite souvent des joyaux cachés et des révélations qui peuvent servir de catalyseurs pour des prises de conscience de toutes sortes.

Deux seconds noms

Comme le prénom, le deuxième prénom peut être composé de deux noms ou plus, ce qui indique la présence de deux (ou plus) énergies distinctes ; et comme ces énergies sont intérieures et non sociales, cela indique la présence de deux énergies ou directions différentes dans la psyché profonde. En d'autres termes, plus une personne a de noms de second degré, plus elle peut être confuse et s'embrouiller elle-même et les autres à cause d'énergies assorties et parfois opposées qui entrent en conflit à l'intérieur d'elle-même. Dans ce cas, une analyse minutieuse

des énergies individuelles permet d'identifier un conflit central (par exemple, l'énergie 1 peut ne pas s'entendre avec l'énergie 6, tendre et aimante), qui peut être traité et même résolu une fois qu'il est reconnu. Parfois, bien sûr, un nom ou un deuxième prénom à trait d'union peut contenir deux énergies différentes mais positives qui peuvent bien fonctionner ensemble. D'autre part, deux énergies intérieures peuvent entrer en conflit l'une avec l'autre, auquel cas l'abandon de l'un ou l'autre nom peut contribuer à calmer les fluctuations intérieures.

si vous n'avez pas de deuxième prénom

L'absence de deuxième prénom peut être un avantage : cela signifie que vous êtes très franc - ce que vous voyez est ce que vous obtenez. Si vous êtes une sale gueule, vous êtes une sale gueule et vous n'essayez pas de le cacher. Ou bien vous pouvez être très royal, posé et réservé et cela aussi montrera votre vraie nature. Les personnes qui n'ont que leur prénom et leur nom ont tendance à dire les choses telles qu'elles sont et à paraître plutôt directes et authentiques ; que cela soit bon ou mauvais dépend des chiffres, des lettres et des énergies du chemin de vie attachés au nom.

Votre nom de famille - Influence domestique

Votre nom de famille est lié à l'histoire domestique de la famille, ou à la hiérarchie masculine. En tant que tel, il est d'une importance mineure, car il ne fait que commenter l'énergie présente lorsque vous êtes entré dans le cercle, pour ainsi dire, de la même manière que l'année de naissance est d'une importance mineure, car elle ne fait que commenter la phase dans laquelle se trouvait la Terre lorsque vous êtes apparu ici pour la première fois. Il est évident que ces deux énergies affectent une personne, mais elles ne sont pas aussi importantes que son identité, qui se reflète dans le prénom et le second prénom, le jour et le mois de naissance. Le nom de famille est souvent une source de leçons de vie importantes, surtout si le nom de famille a été hérité de parents masculins ou, en d'autres termes, si c'est le nom avec lequel on a grandi. C'est là que sont posés les jalons fondamentaux qui influenceront les interactions et les systèmes de croyance à l'âge adulte. Ces énergies, cependant, ne sont pas vous : elles étaient déjà là quand vous êtes arrivé.

Si votre nom de famille est celui de votre mariage, il reflète la hiérarchie masculine issue de votre mari et de ses ancêtres et, là encore, il ne s'agit pas de votre énergie. Cependant, il vous affecte, vous et votre famille, et le fait de connaître ses fréquences peut vous aider à communiquer avec les membres de votre famille, en particulier lorsque des sujets épineux surgissent, par exemple entre vous et votre conjoint, voire vos enfants.

Numéro du parcours de vie

Les nombres du chemin de vie vous indiquent ce que vous êtes venu apprendre, devenir, faire. Ils mettent en évidence la direction que vous devez prendre pour atteindre vos objectifs.

Il n'est pas rare que les leçons du chemin de vie introduisent des courbes d'apprentissage difficiles, des courbes d'apprentissage qui seront répétées si le point n'est pas compris ou s'il n'est tout simplement pas compris. Cela se manifestera par la répétition de cycles négatifs : certains mettront l'accent sur la nécessité de prendre des responsabilités, d'autres sur la nécessité d'honorer votre créativité, d'autres encore déconseilleront des modes de vie qui ne vous conviennent pas. Les possibilités sont aussi importantes et uniques que vous l'êtes. Quel que soit le message de votre chemin de vie, vous y trouverez une orientation, une confirmation de quelque chose que vous soupçonniez déjà ou une poussée vers cette voie que vous avez toujours voulu explorer. Si vous vous êtes déjà demandé pourquoi vous êtes ici, votre chemin de vie vous aidera à trouver la réponse.

Le numéro du chemin de vie se trouve dans la combinaison du jour et du mois de naissance. Supposons par exemple que votre date de naissance soit le 5 septembre. Le nombre est calculé comme suit :

Septembre + 5

9 (mois) + 5 = 14/5

Votre chemin de vie est le 5 et votre nombre secondaire est le 14.

Idéalement, vous devriez être en mesure de relier l'un de vos noms principaux ou totaux à votre numéro de chemin de vie ou à l'un de ses éléments. Cela ne fait qu'intensifier et concentrer votre énergie et votre capacité à compléter les leçons pendant que vous êtes ici et commente également l'aspect le plus mystérieux de cet art : il est presque inévitable que vous voyiez des nombres répétés dans votre diagramme. Ne vous inquiétez pas si ce n'est pas le cas. Bien qu'il soit généralement assez facile d'adapter un nom pour l'aligner sur une énergie de chemin de vie, un nombre de chemin de vie qui se démarque de toutes les énergies du nom (par exemple, c'est le seul nombre principal de ce type dans tout votre thème) n'est pas nécessairement une mauvaise chose : il indique simplement la présence de quelque chose qui doit être honoré à un moment donné de votre vie. Par exemple, imaginons une femme dont le thème est rempli de l'essence aimante du nombre 6, mais dont le chemin de vie est la force motrice du nombre 1. Cette femme a l'air tout à fait casanier et a un air d'amour bienveillant. Cette femme a l'air tout à fait domestique et se consacre entièrement à son foyer et à ses enfants pendant une vingtaine d'années, avant de créer (par hasard, disent ses amis) sa propre entreprise, dans laquelle elle met le même niveau de dévouement que celui qu'elle réservait à ses enfants. En peu de temps, son entreprise est devenue un grand succès.

Cette femme a dû honorer la domesticité aimante du 6 dans son thème autant que la force motrice de son chemin de vie numéro 1.

Cela dit, il ne faut pas oublier que les numéros du chemin de vie peuvent indiquer un style de vie que l'on poursuit déjà et, en tant que tel, servir de confirmation forte que le chemin emprunté est le bon. C'est généralement le cas lorsqu'une telle confirmation est vraiment nécessaire.

Le revers de la médaille est l'énergie du coup de pied dans la fourmilière. Cela se produit lorsqu'une sorte de réveil est nécessaire. Il peut s'agir de quelque chose qui a été submergé ou subjugué, qui a besoin d'être honoré, et le chemin de vie attirera l'attention sur ce point en des termes très clairs. Il y a souvent un sentiment de soulagement, presque comme si l'on avait reçu la permission de poursuivre ce que le cœur désire vraiment, ou une reconnaissance ironique de la vérité de son message.

Quoi qu'il en soit, vous saurez ce que dit le vôtre. Il résonnera en vous d'une manière indéniable.

Le jour de la naissance

Le jour de naissance est également très important : c'est presque comme votre numéro secondaire principal pour votre chemin de vie, mais son message est plus personnel, plus intime. C'est le commentaire suprême sur l'énergie la plus influente qui vous affecte personnellement : il célèbre votre introduction. C'est en quelque sorte votre "coming out" ou vos débuts (en réalité), et ses ramifications ne peuvent être sous-estimées. Si votre jour de naissance se situe sur une échelle de 1 à 9, ces énergies sont assez simples, car elles sont composées d'énergies uniques et assez directes. En revanche, si votre jour de naissance comporte deux nombres, voici comment les lire. Regardez d'abord le chiffre de départ, qui peut être un 1, un 2 ou un 3.

Déterminez la signification de ce chiffre pour vous. Examinez ensuite le deuxième nombre pour voir s'il a un lien avec le premier. Enfin, examinez le nombre auquel les deux se réduisent.

 Par exemple, si votre jour de naissance est le 25, vous devriez tenir compte des significations du 2 (l'impact des couples, des relations et des rapports) et du 5 (le changement, la liberté, l'expérimentation des sens). Ces deux énergies suggèrent que les relations de toutes sortes, bien qu'importantes (2), peuvent être reléguées au second plan par rapport au désir d'explorer, de voyager, de rechercher la stimulation et la liberté.

(5). Le total final de 25 nous amène au chemin de vie numéro 7, qui a une sensation complètement différente, car il gouverne les fonctions du cerveau et se rapporte à la pensée intense et investigatrice ; c'est une énergie introspective et généralement réservée. Il s'agit d'une énergie introspective et généralement réservée. Cela suggère que le chemin de la vie finira par déboucher sur une nouvelle voie : celle de la logique, du sens pratique, de l'introspection, de la méditation et de la sagesse. Il y a beaucoup plus de détails dans le 7, mais nous en reparlerons plus tard. Il suffit de dire que cet exemple montre deux forces opposées : l'une est changeante et même avide d'émotions (25), tandis que l'autre est contrôlée, digne, analytique et peut-être (selon le stade de développement de l'individu) mystique, imaginative et spirituelle (7). La lutte pourrait donc consister à laisser les sens dicter la direction de l'esprit ou à laisser l'esprit dicter la direction des sens.

Une fois que vous avez calculé votre chemin de vie, appliquez simplement la signification des nombres à votre vie. Suivez votre intuition et les connexions et les messages viendront.

N'oubliez pas de vous accorder du temps pour la contemplation, car votre cerveau sait tout et est très à l'aise pour recevoir des messages sous forme de pensées. Ce que vous lisez aujourd'hui ne sera peut-être connecté que dans deux jours.

Votre phase énergétique actuelle

Votre phase énergétique actuelle indiquera où vous en êtes en termes de transit de l'énergie de votre nom, comme indiqué dans votre (premier) sous-nombre pour chaque nom ; c'est le nombre d'années qu'il faudra pour que les énergies de chaque nom passent. Chaque lettre a ses propres nuances et caractéristiques et la valeur numérique correspondante en élargit la signification. Une fois calculé, votre "code" indiquera les forces dominantes actuellement en jeu dans votre vie.

Leurs caractéristiques et leurs tonalités vous permettront de comprendre, de mettre en relation et éventuellement de vous aligner, vous et vos actions, sur ces énergies et de les utiliser pour obtenir les meilleurs résultats possibles. Voici un exemple de la façon de calculer votre phase énergétique actuelle, en utilisant à nouveau notre vieil ami John comme exemple.

$$\begin{array}{ccc} \text{J O H N} & \text{A D A M} & \text{S M I T H} \\ \hline 1\ 7\ 5\ 5 & 1\ 4\ 1\ 4 & 3\ 4\ 1\ 4\ 5 \\ =18\ \text{(years)} & =10\ \text{(years)} & =17\ \text{(years)} \end{array}$$

Disons que Jean a 40 ans. Comme le nombre secondaire principal de son nom est 18, nous savons automatiquement qu'il a transité au moins deux fois dans les énergies de John (18+18=36), ce qui le ramènerait à J à l'âge de 37 ans, ce qui couvre 1 année, donc à 40 ans il serait dans la 3ème année de l'énergie de la lettre O. En regardant son deuxième prénom et en suivant la même procédure, nous sommes dans la dernière année du cycle M, tandis que son nom de famille complète le code avec un autre M. Son code actuel est donc OMM ou 744, qui sont les valeurs numériques attribuées à chaque lettre. Additionné, ce code se réduit à 15/6. Comme nous avons déjà parlé du chiffre 6, vous savez que la famille, la domesticité, la communauté, l'éducation et l'amour, ou le manque d'amour, seront au centre de l'attention de John pendant cette phase énergétique et que les forces du changement (15) joueront également un rôle. Encore une fois, la lecture des phases et les significations qui leur sont attachées deviendront plus claires au fur et à mesure que nous avancerons, mais en attendant, suivez le schéma ci-dessus pour découvrir votre phase énergétique et l'enregistrer pour vous y référer ultérieurement.

Initiales de votre identité

Il s'agit d'une autre sorte de code, que l'on peut qualifier de version abrégée de tout ce que vous êtes, ainsi que des trois influences principales (généralement) de votre vie, ce qui est logique puisque les initiales sont constituées de vos énergies de pierre angulaire. Pour obtenir votre énergie initiale, suivez la même méthode de calcul que pour vos phases énergétiques actuelles : il suffit d'additionner les valeurs numériques de vos énergies

Combinez les initiales, réduisez et regardez le numéro secondaire et le dernier chiffre, ainsi que les énergies des lettres, pour obtenir plus d'informations sur votre code sténographique complet (le mien est HAL, qui correspond également au numéro de mon prénom, 9). (Le mien est HAL, qui correspond également au chiffre 9 de mon prénom).

Essayez-le pour vous-même et voyez si vos initiales d'identité sont liées d'une manière ou d'une autre à votre diagramme de nom ou à votre numéro de chemin de vie. Les liens apparaîtront au fur et à mesure que vous remplirez les différents chiffres et codes.

Lettres prédominantes

Le nombre plus élevé de lettres répétées dans votre nom vous renseignera sur les énergies événementielles dominantes qui ont les effets les plus forts sur vous - leurs influences ne faiblissent jamais, surtout si les énergies de quatre lettres ou plus sont présentes et encore plus si une ou deux sont des pierres angulaires. Par exemple, si votre nom contient un C, vous savez que vous êtes un communicateur naturel et que l'impulsion d'explorer cet aspect se manifestera à un moment donné de votre vie (comptez les années de votre nom pour voir quand une certaine phase se manifestera pour vous). Si, en revanche, votre nom contient quatre de ces lettres et que l'une d'entre elles est une pierre angulaire, vous saurez que la signification du C sera accentuée et qu'elle créera le besoin d'utiliser vos capacités de communication dans la vie de tous les jours. Ainsi, si vous avez toujours voulu, par exemple, écrire de la musique et chanter ou devenir photographe, le C multiple vous dira de commencer à le faire, plutôt que d'y penser. Plus il y a de répétitions, plus les messages contenus dans la ou les lettres sont importants.

Chiffres prédominants

Le nombre le plus élevé de nombres spécifiques dans votre nom offre une autre vision de votre nom. Il s'agit d'un instantané de l'énergie ou de la vitesse. Supposons que vous ayez six chiffres 1 dans votre nom. Vous ne risquez pas d'abandonner et de jeter l'éponge lorsque les choses deviennent difficiles : vous êtes un survivant, et les survivants ne se couchent pas et ne meurent pas.

Supposons que votre deuxième valeur numérique la plus élevée soit le chiffre 6 : cela suggère que si l'abandon n'est pas une option, la recherche d'un foyer et d'un partenaire aimants et nourriciers, avec tout ce que cela implique, ne l'est pas non plus. En regardant mes nombres, il y a un total de sept valeurs de numéro 1 (dont quatre dans l'énergie de mon âme), ce qui signifie que, heureusement, je suis un survivant. Il y a une énergie de base qui ne me permet pas d'abandonner ou de baisser les bras. Je continue à avancer malgré les échecs. Qu'est-ce que les gens disent de vous ?

Mots dans les noms

Si le nom d'une personne comprend un autre nom ou un autre mot, la signification de l'énergie sonore associée révèle souvent un message subtil. Prenons le cas du nom "Heather" qui contient les mots "heat - Heat" et "she - Her". Cela confirme un problème majeur avec la chaleur : une aversion pour elle. Cette particularité remonte à l'enfance, où la sensation constante de chaleur a valu le surnom de "bruyère". Avec l'âge, la sensibilité au froid s'accroît également, de sorte que "heat her" prend un sens nouveau et tout aussi précis, même si l'aversion pour la chaleur demeure.

Il est conseillé d'observer attentivement ses noms et d'être ouvert aux messages énergétiques d'un niveau inférieur. La découverte de ces messages n'a pas toujours des conséquences importantes, mais peut confirmer des détails particuliers, comme dans l'exemple de "heat" et "she", ou renvoyer à quelque chose de plus significatif. Il s'agit d'une connexion qui est vraiment comprise.

Comment lire votre nom

Tout comme la lecture d'une phrase, les lettres d'un nom sont lues de gauche à droite. L'énergie de chaque lettre s'écoule dans la suivante, créant ainsi un schéma d'énergies. Par exemple, l'examen des énergies des lettres du mot "HEAT" révèle que chaque lettre a une signification fondamentale : H est une échelle qui offre deux directions, vers le haut ou vers le bas. E représente l'énergie pure qui accentue et exalte surtout ce qui la précède. A introduit une force nouvelle et originale et T, de nature additionnelle, "ajoute" ou "rend plus fort".

Par conséquent, la "CHALEUR" est interprétée comme une augmentation de quelque chose (H) qui va au-delà de la norme (E), créant une force considérable (A) et se développant continuellement (T). H et E sont tous deux des valeurs 5, liées aux sens et à leur stimulation. A est une valeur 1, indiquant le début de quelque chose de nouveau et visant à la survie, tandis que T est une valeur 4, relative à des questions fondamentales, y compris la santé du corps. La CHALEUR implique une augmentation excessive de la température qui peut créer une force lourde, presque insupportable, qui s'intensifie

au fur et à mesure que la chaleur augmente. Cette chaleur peut avoir des effets négatifs sur le corps et les sens et, à des niveaux extrêmes, peut même menacer la survie de l'homme.

Un nom sert également de plan. Comprendre la signification des lettres individuelles et des chiffres qui les accompagnent permet d'obtenir des informations descriptives, et relier ces éléments les uns aux autres peut être éclairant, même si cela demande un peu de pratique.

Les chiffres et l'amour

Vous êtes-vous déjà interrogé sur les liens qui vous unissent à votre partenaire ? Voici une façon de découvrir les vibrations et, en fait, les leçons et les défis qui vous ont réunis.

Il y a deux façons de procéder : la première consiste à additionner vos prénoms et la seconde à additionner vos noms de tous les jours. La première méthode consiste à additionner vos prénoms et la seconde à additionner vos noms de tous les jours. L'addition des prénoms se rapportera aux interactions personnelles entre vous, tandis que la seconde commentera l'issue probable ou le résultat de votre union. Chaque méthode tient compte à la fois du sous-numéro final et du chiffre unique lors de la recherche de messages.

Disons que le nombre total d'additions de votre nom est de 6. Cela signifie que vous répondez et réagissez l'un à l'autre avec amour et attention.

mais il faut veiller à ce que chacun ne soit pas absorbé par l'autre au point de brouiller l'identité individuelle. Si la combinaison de vos noms quotidiens atteint 5, cela indique un besoin de liberté, d'indépendance, de changement et de stimulation sensorielle de la part de chacun d'entre vous. Il va sans dire que cette combinaison peut facilement indiquer une séparation définitive.

-L'énergie 5 n'est généralement pas trop attachée au bonheur domestique et à la routine. Cependant, si chaque partenaire est capable d'honorer le besoin d'espace personnel de l'autre, cette union peut s'adapter aux changements de l'énergie 5 tout en offrant à l'autre le havre de paix de l'énergie 6.

Numéros de connexion étendus

Les numéros de connexion étendus se trouvent dans plusieurs domaines et peuvent inclure tout ce qui va du nombre total de lettres de votre nom aux adresses et aux numéros de téléphone. Notez les quatre derniers chiffres de chacun de vos numéros de téléphone fixe ou mobile (les indicatifs de zone et les trois premiers chiffres sont exclus, car les indicatifs de zone et de standard sont partagés par de nombreuses autres personnes ; seuls les quatre derniers chiffres vous relient directement). Additionnez ces numéros jusqu'à ce qu'ils se réduisent à un seul chiffre. Ces calculs vous permettront de connaître l'énergie qui entoure chaque numéro. Cette méthode peut également être appliquée à l'adresse de votre domicile et de votre lieu de travail (incluez le nom de la rue, mais faites attention aux chiffres réels de l'adresse), au numéro de sécurité sociale/assurance, au permis de conduire, à la plaque d'immatriculation, aux numéros de cartes de crédit (là encore, vérifiez en ligne les numéros réels qui s'appliquent à vous ; Par exemple, sur la carte d'une entreprise, les six premiers chiffres sont à usage multiple et le dernier est également un numéro de référence ; par conséquent, les neuf chiffres entre les deux sont les vibrations de votre compte personnel), comptes bancaires (là encore, tenez-vous en à votre numéro de compte réel) - tout numéro qui a un lien personnel avec vous. Vérifiez combien de ces nombres correspondent à ceux de votre carte. Si certaines énergies numériques ne correspondent pas, examinez attentivement ce qu'elles représentent. Par exemple, si un chiffre important de votre carte personnelle est le 6 (gentillesse domestique et amour bienveillant), mais que vous vivez dans une maison dont l'énergie est le 8, vous serez peut-être plus à l'aise ailleurs, car l'énergie 8 est généralement synonyme de pouvoir, de contrôle et d'autorité, ce qui peut l'emporter sur l'énergie délicate du 6 et la submerger.

Prendre conscience des énergies numériques qui nous entourent en permanence est en soi révélateur et apporte souvent des réponses à des questions que l'on ne sait même pas se poser. Examinez sérieusement les chiffres avant d'emménager dans une nouvelle maison, d'accepter un nouveau nom (par exemple à la suite d'un mariage), de donner un nom à votre enfant, d'embaucher un employé ou simplement de choisir un nouveau code PIN à la banque. Et n'oubliez jamais vos numéros pour vous y référer.

Les chiffres et les lettres de votre vie vous influencent directement et indirectement. Pensez également à la date à laquelle vous avez décidé de commencer un nouveau projet ou de planifier une réunion importante. Choisirez-vous le 1 (bon) ou le 9 (moins bon) ? Voulez-vous demander à cette personne spéciale de sortir avec vous pour la première fois ? Préférez le 6, l'énergie de l'amour, au 5 qui, bien qu'étant une énergie de communication et d'entrée sensorielle, est aussi l'énergie du changement et du non-engagement.

La numérologie chaldéenne est un outil aux multiples usages. Elle peut être utilisée pour plonger au plus profond de sa propre âme ou pour mesurer les énergies des autres. Elle peut offrir des commentaires sur les personnes, les lieux et les choses, ou simplement vous dire l'essence qui se cache derrière vos nombres préférés.

Ses utilisations sont innombrables et précieuses. Gardez ce livre à portée de main et utilisez-le comme référence.

LES CHÎFFRES CHALDÉENS

our illustrer la dynamique de l'échelle des nombres, j'ai inclus de brefs aperçus du voyage d'un homme et de la façon dont il a commencé seul, rencontré sa famille et sa famille, son   partenaire   ,   engendré un   enfant ,   construit   une maison   ,   adapté les changements,   contemplé l'existence, atteint un équilibre spirituel et finalement quitté ce plan de la réalité. Cet homme seul parcourt les images vibratoires et les expériences inhérentes à l'échelle des nombres et sert à mettre en lumière les subtilités qui s'y rattachent. Il s'agit d'un outil simple conçu pour fournir une compréhension des énergies numériques qui ne sont en fait qu'un récit du voyage de l'humanité du début à la fin et vice versa. (Ce n'est pas le seul système à faire cela : les Arcanes Majeurs du Tarot suivent également le même chemin, que j'explorerai plus en détail au fur et à mesure). En d'autres termes, chaque nombre introduit de nouveaux éléments aux précédents, de sorte que 5, par exemple, sera une compilation des qualités et des caractéristiques des Arcanes Majeurs du Tarot.

Les chiffres 1 à 4, en introduisant également les vibrations spécifiques du 5.

Les caractéristiques traditionnelles, les parcours de vie et les défis de chaque nombre sont énumérés à la fin de la section correspondante (les parcours de vie des maîtres-nombres sont énumérés sous les maîtres-nombres).

Rien et tout : la majesté du zéro (0)

Le zéro n'était pas considéré comme un nombre par les anciens Chaldéens parce qu'il n'avait pas de quantité et donc pas d'utilité, mais par respect pour le progrès et l'amalgame, je l'ai inclus ici, car son importance ne peut être niée et ses utilisations sont instrumentales et nécessaires dans l'analyse.

Le sujet du 0 (partagé dans la lettre O) fait souvent l'objet d'un débat : s'agit-il d'un nombre ou non ? Qu'il fasse partie de l'ensemble des "nombres naturels" ou des "nombres réels" n'a rien à voir : le zéro ou le chiffre joue un rôle central et impressionnant dans la numérologie et dans notre existence même et, en tant que tel, mérite un paragraphe ou deux. L'intensité et le potentiel du zéro ne doivent pas être sous-estimés.

Le 0 contient une dynamique mystique à plusieurs niveaux qui défie toute explication simple. Son essence mathématique est "rien" - rien, zéro et zéro (00,00) - mais avec un peu d'addition, il peut devenir tout (1 000 000). Le symbole lui-même n'a ni début ni fin et son lien avec l'éternité est caractérisé par le chiffre 8 reposant sur son côté, formant la lemniscate, le symbole de l'infini. L'un des symboles les plus

Les manifestations les plus évidentes de sa signification se trouvent dans les cercles correspondants d'une paire d'alliances : on espère que l'union durera toujours. C'est aussi le gros 0 d'un test ou son exact opposé, 100 %. C'est les bulles que vous faites dans la baignoire, le drain par lequel l'eau s'écoule et les globes oculaires qui vous regardent dans le miroir. C'est le O de Open et le O de clOsed. C'est la forme d'un atome, d'une cellule humaine, d'un beignet, d'un agroglyphe et d'une sucette. C'est le cercle de protection jeté par les métaphysiciens et le cercle du yin et du yang que beaucoup portent autour du cou.

Bien que 0 soit pratiquement illimité dans ses applications, il semble se concentrer sur l'augmentation ou la diminution de la matière. Il est puissance, intensité et création, mais il peut enlever aussi facilement qu'il donne.

J'ai toujours remarqué des liens entre les énergies des nombres et les significations des 22 arcanes majeurs du Tarot.

La première carte des Arcanes Majeurs, le Fou, est numérotée 0 et représente le monde des possibilités ouvertes et attendant d'être découvertes. Le Fou (avec deux vibrations O) est la tabula rasa qui existe lorsque l'homme entre en scène. Cette énergie est pleine d'anticipation et de perspective : les choix de direction sont imminents et toute action entreprise mènera à des résultats d'une manière ou d'une autre.

Comme le personnage de cette carte semble ignorer ou ne pas être gêné par le précipice qui se trouve à ses pieds, il est souvent perçu comme un courageux preneur de risques. Il peut aussi être considéré comme un véritable fou, car qui d'autre regarderait le ciel en escaladant une dangereuse falaise ? La vérité se situe quelque part entre les deux : ce fou n'est pas du tout un fou, il est parfaitement conscient de l'endroit où il se trouve et de ce qu'il fait ; après tout, il a réfléchi suffisamment longtemps pour avoir emporté ses affaires nécessaires (dans le petit sac) et son fidèle compagnon (le petit chien). La vérité profonde de cette image se trouve dans la rose symbolique qu'il tient à la main : les roses sont généralement liées à l'amour ou aux émotions, et son regard vers le ciel illustre simplement sa grande foi ; il se tourne vers l'Univers pour être guidé et lui fait implicitement confiance. Le Fou n'est pas stupide. Il suit simplement ses rêves et son intuition et se prépare à un nouveau départ... et tout nouveau départ comporte un élément de risque. Le Fou n'est pas stupide, il suit simplement ses rêves et son intuition.

La figure n'a pas d'histoire visible ; par conséquent, tout mouvement vers l'avant introduira des scénarios où tout est possible.

Ce qui prépare parfaitement le terrain pour le début du premier acte.

Numéro un (1) : Le début de la force originelle

Nous commençons par l'homme seul, considéré comme l'homme des cavernes dans cette histoire. Il n'a personne vers qui se tourner pour obtenir de l'aide ou des conseils. Il est seul, une entité unique qui n'a "rien" dans son passé ; c'est donc lui qui est à l'origine de tout. Notre homme seul est, après tout, un survivant et, conformément à ses instincts et intuitions (même s'il ne les reconnaît pas comme tels), il doit subvenir à ses besoins de base tels que la nourriture et le logement. Il doit le faire lui-même, car personne d'autre ne peut le faire à sa place : c'est l'individu qui est étroitement lié à son ego et à ses instincts naturels. C'est lui qui commence la recherche d'expériences et de résultats.

Le chiffre 1 a une approche masculine, ce qui signifie qu'il possède tous les attributs que la société attribue souvent aux hommes qui réussissent. Le 1 est courageux, ambitieux, orienté vers les objectifs, proactif et sûr de lui. L'énergie du 1 fait preuve d'une volonté qui mène souvent la personne au sommet, même s'il lui faut un certain temps pour y arriver : souvent, le 1 doit recommencer. Mais si la personne qui possède cette essence numérique trouve et se concentre sur un projet, un poste ou une personne, elle déplacera des immeubles, des collines ou des montagnes pour atteindre son but. Dire que le 1 est motivé serait un euphémisme : le pur précurseur du système numérique ne recule devant rien pour obtenir ce qu'il veut, s'il le veut suffisamment. Le progrès est ce qui compte et, si la compassion n'est pas ajoutée, une forte vibration 1 peut être dominée et dirigée par l'ego et même ne pas remarquer les dommages que ses attitudes et activités peuvent laisser dans son sillage. La plupart des numéros 1 présenteront un jour ou l'autre un certain niveau de ces qualités, mais plus les valeurs du numéro 1 sont présentes dans un nom, plus ces qualités seront exagérées. Bien que le numéro 1 veuille aller de l'avant et expérimenter autant que possible avec tout, il peut aussi paraître arrogant, égocentrique, dépourvu d'émotions et même égoïste, mais c'est la nature de la vibration. Cette énergie est dotée d'une curiosité insatiable et sans fin - l'"éclat initial" peut s'estomper - et c'est pourquoi les anciens emplois, les relations stagnantes et les passe-temps ennuyeux

peuvent être revisités... constamment. Après tout, il y a tant à découvrir et à expérimenter. Cette tendance peut laisser de nombreux projets inachevés, des leçons non apprises et des amitiés non entretenues.

Parce que le 1 peut être considéré comme un peu égocentrique, même les relations intimes peuvent être difficiles, car même si cette énergie aime être amoureuse, c'est l'idée de l'amour, l'idéal parfait de l'amour que le numéro 1 poursuit. Malheureusement, la réalité est rarement à la hauteur de la fantaisie et le chiffre 1 continue souvent à chercher... et à chercher... et à chercher. Tenter une implication émotionnelle avec le (multi)1 moyen peut être un défi solitaire et déroutant, car le personnage du 1 souffle le chaud et le froid et s'approche avant de s'éloigner. Si, par chance, le 1 trouve quelque chose ou quelqu'un d'intéressant, son attention se concentrera sur ce point, et ce de manière assez intense. Malheureusement, son attention s'égare généralement. Après un certain temps, elle peut revenir, mais le mal est fait. Cela peut parfois rendre difficiles les relations amoureuses engagées et directes, les mariages et même les amitiés. Le travail et les autres intérêts ont tendance à prendre le pas sur l'intimité et, comme le 1 est poussé au succès, l'action et l'engagement constants peuvent devenir répétitifs au point d'être prévisibles.

Alors, si vous cherchez une colombe douce et aimante pour vous frotter les pieds tous les soirs, vous apporter le dîner (et même le cuisiner pour vous ?), vous prêter une oreille attentive et vous donner des conseils sincères et bienveillants avant de vous coucher, je vous suggère vivement de regarder ailleurs, peut-être du côté des 6 domestiques ou des 2 couples.

Paradoxalement, ce nombre est également ouvert aux aspects instinctifs de la survie et, par conséquent, ne remet généralement pas en question les messages similaires provenant de l'intuition. Cela permet d'expliquer pourquoi le 1 progresse et obtient des résultats : il suit les indications qui lui sont données et ne doute pas de leur source, même s'il peut penser que la source de ces messages est auto-générée.

D'un point de vue esthétique et spirituel, la simple ligne droite qu'un homme pourrait tracer dans le sable pour indiquer son "je" est appropriée à sa condition. Elle est à la base de la première personne du singulier et intègre le "je" du moi et de l'ego : "je suis", "j'existe", "je suis". À un niveau plus évolué, le "je" illustre le lien entre Dieu et l'homme. C'est le cordon ombilical qui nous relie à "l'extérieur" et nous permet d'avoir l'espoir et la foi et de faire l'expérience de l'amour. L'intuition est la voix de l'Univers et nous relie à la situation dans son ensemble, que nous en soyons conscients ou non.

Un exemple presque parfait du concept de force originelle se trouve dans la contemplation et l'analyse du terme scientifique utilisé pour décrire les bobines jumelles qui contiennent nos brins d'ADN individuels : cette abréviation particulière totalise même un 10 (1). Il s'agit d'une force unique, progressive, originale et créative qui dicte le code humain tout en attribuant à chaque personne des différences incroyables qui font d'elle un véritable individu. En tant que telle, elle est la représentation idéale de la force originelle du chiffre 1.

La personnalité n° 1 peut être presque écrasante en termes de pouvoir personnel, de capacités créatives et de réalisations, mais cela ne se produit généralement qu'après une expérimentation considérable de différentes carrières. Lorsqu'il trouve son point de référence, généralement plus tard dans la vie, il s'agit souvent d'un sujet, d'une méthode, d'une activité ou d'un métier unique ou différent. Il est vraiment original et est attiré par tout ce qui l'inspire. Le numéro 1 n'est pas attiré par ce qui est monotone et ennuyeux : il préfère tout ce qui entre dans les catégories du différent, de l'inhabituel, de l'étrange, du bizarre ou de l'absurde.

Lorsque la force originelle du numéro 1 est comprise, exploitée et dirigée, les résultats peuvent être étonnants. Vous pourriez trouver un architecte primé qui gère discrètement des maisons pour les nécessiteux, un consultant militaire de haut niveau qui est également un enseignant bénévole pour les handicapés, ou un milliardaire sincère qui vit dans une petite maison communautaire et fait don anonymement d'un grand pourcentage de ses revenus à des organismes de bienfaisance humanitaires. Ces vibrations du numéro 1 ont consciemment réalisé le côté spirituel de l'existence et l'ont combiné avec la force naturelle de leur nombre dominant. Le fait est que si une énergie numéro 1 parvient à rassembler toute sa puissance et à la diriger dans la direction décidée, les résultats peuvent être spectaculaires. Cette énergie, en particulier lorsqu'elle est combinée à d'autres valeurs 1, peut devenir l'une des forces les plus pénétrantes et les plus convaincantes dans le jeu des nombres. La volonté, l'intention, la capacité intuitive et les compétences créatives contenues dans le nombre 1 lui donneront la force de survivre, la volonté d'aller de l'avant et l'envie irrésistible de s'échapper, autant d'atouts qui s'avèrent très utiles si le 1 se retrouve dans des circonstances difficiles ou dans des situations de maltraitance. Il est rare qu'un numéro 1 fort soit retenu longtemps. Il trouvera toujours un moyen de s'en sortir.

Je trouve plus qu'intéressant que l'arcane majeur du tarot mis en valeur par le chiffre 1 soit le magicien, qui n'est rien d'autre qu'un personnage dynamique, concentré, maître de lui-même et de son destin. Ce personnage dispose de tous les outils nécessaires pour atteindre ses objectifs et agit avec son corps et son esprit pour créer ce qu'il désire. Le magicien est débrouillard, intuitif, curieux et aventureux, et procède avec détermination et concentration. On pourrait dire que ce personnage dispose d'un pouvoir considérable (les sociétés anciennes qualifiaient cette énergie de sorcière, mais les traductions modernes seraient plus conformes à la pratique de la loi de l'attraction) et que tout est possible.

L'arcane majeur du Soleil (numéro 19) se résume également à la force originelle numéro 1. Il représente la création énergétique et les nouveaux départs. En effet, le Soleil est la plus sublime de toutes les énergies numéro 1. Il est comme une ampoule géante dans le ciel sans laquelle le monde ne pourrait pas vivre. Il est comme une ampoule géante dans le ciel sans laquelle le monde, ses habitants, ses animaux et ses récoltes mourraient. Le monde sombrerait dans l'obscurité et rien ne serait normal. Le soleil est porteur de vie

(même le terme "soleil" équivaut à un 10/1) et est l'exemple parfait de l'énergie derrière la force originelle numéro 1 ; elle nous permet de survivre. Comme nous l'avons déjà mentionné, son nombre est 19, ce qui associe la Force originelle à des fins et des débuts répétés, ce qui est tout à fait logique puisque nous savons que le soleil se lève et se couche... pour chacun d'entre nous.

Une autre carte des Arcanes Majeurs, appelée la Roue de la Fortune (numéro 10), relève également de la puissance et de l'originalité du 1. Son ton général est celui du changement inattendu. Elle apparaît lorsqu'une situation change assez rapidement, introduisant ainsi quelque chose de complètement nouveau dans la vie ("Fortune" équivaut à un 10/1, et nous savons tous qu'elle peut apporter du bon ou du mauvais). La roue est toujours en mouvement et représente le thème permanent des fins et des débuts que nous connaissons tous. La roue évoque le début de nouvelles phases, la nécessité de faire face au changement et de s'adapter aux surprises que la vie peut nous réserver au moment où nous nous y attendons le moins : tout cela se traduit par un changement nécessaire de lieu ou de circonstance, qu'il soit positif ou négatif (notez que les quatre coins de la roue ont été choisis comme "points de repère").

Les personnages lisent tous dans ce que j'appelle le "livre de la vie", dans lequel tout est possible). À un autre niveau, le chiffre 10 représenté contient un message positif, à savoir que la roue est souvent synonyme de succès et de récompense : imaginez que vous faites tourner la roue toute votre vie et que vous touchez enfin le jackpot. Ceci est lié à la signification du 10, que nous développerons plus tard ; pour l'instant, disons simplement qu'il indique des récompenses après une longue lutte et des réalisations qui peuvent affecter l'humanité d'une manière petite ou assez grande.

Toutes ces énergies des Arcanes Majeurs soutiennent la signification du seul et unique 1 à leur manière.

Valeurs multiples 1

J'ai trouvé que l'énergie multiple 1 non altérée et "non coupée" ressemblait au proverbial taureau dans un magasin de porcelaine. Il s'agit de la forme la plus pure de cette énergie, qui n'est pas affectée par des lettres voisines influentes ou atténuantes. Lorsque le 1 apparaît plus de quatre fois dans un tableau (même dans le nom lui-même et en tant que nombre total ou quotidien dans le nom et le chemin de vie), il accentue la pureté de cette énergie de la Force originelle, qui peut être assez intimidante et même impitoyable. Curieusement, alors que le chiffre 1 est généralement non démonstratif et non émotionnel, du moins en apparence (être premier en théorie signifie ne pas avoir de cadre de référence), le 1 peut être un grand bavard, très charmant et socialement actif. Cependant, malgré cette ouverture apparente, le 1 a souvent du mal à partager des émotions profondes ; il garde une certaine distance même lorsqu'il semble profondément impliqué et porte un masque protecteur au quotidien. La présence d'un trop grand nombre de 1 entraîne l'incapacité de s'immerger véritablement dans une relation intime et amoureuse en raison de l'absence de cadre de référence mentionné ci-dessus. Il y a de l'espoir pour le 1 solitaire : s'il apprend à relever ses défis et à contrôler son ego, il peut devenir compatissant, intuitif et aimant, avec un niveau de foi et d'ouverture qui pourrait le transformer en une énergie vraiment chaleureuse et en une race rare.

Lorsqu'un graphique est rempli de 1, il indique une personne qui essaiera et essaiera encore. Le 1 est un nouveau départ, il est donc logique que de nombreux 1 indiquent la nécessité de nombreux nouveaux départs. C'est le véritable "signe" du survivant.

Un graphique reprenant les valeurs du n° 1

Cela peut indiquer une personnalité qui a besoin de puiser dans ses capacités et d'aller de l'avant avec confiance et détermination. L'absence de valeurs 1 peut également indiquer une personnalité qui se met en retrait la plupart du temps et qui n'a pas d'objectifs particuliers dans la vie. Il y a un manque marqué d'élan et de motivation, mais ce n'est pas nécessairement une mauvaise chose : cela indique simplement une personnalité plus molle.

Descriptions traditionnelles

Les traits typiques de l'énergie 1 sont l'ambition, la détermination, le progrès, l'activité, l'instinct, la curiosité, l'originalité et la créativité. Les descriptions plus négatives incluent la supériorité, l'arrogance, l'impatience, le contrôle, l'égoïsme et parfois la cruauté et les abus.

Les mots arrivent en première position

Les mots suivants démontrent l'essence même d'une force originelle dans leur signification et leur totalité. Considérons les forces individuelles suivantes : la mort, l'âme, l'esprit, la foi, la passion, le

diable, ainsi que les mots clés utilisés pour décrire l'énergie : l'origine et les forces.

Chemin de vie pour Numéro 1

Toute personne ayant un chemin de vie de type numéro 1 sera ou deviendra un dirigeant d'une sorte ou d'une autre, soit en tant que chef de bureau, soit en tant que propriétaire d'une entreprise de plusieurs millions de dollars. Le chemin de vie du numéro 1 consiste à s'efforcer et à recommencer aussi souvent que nécessaire pour atteindre le succès. En tant que vibration pionnière, le numéro 1 a souvent des difficultés dans les relations intimes et préfère souvent vivre seul (et s'il est en couple, il est conseillé qu'il ait une chambre ou un espace qu'il peut appeler le sien). Le numéro 1 doit comprendre qu'il n'est pas nécessairement là pour fonder une famille et un foyer. Il est ici pour accomplir quelque chose, quelque chose qu'il pourra laisser derrière lui lorsqu'il partira, et de préférence quelque chose qui soit utile d'une manière ou d'une autre à l'humanité. L'engagement envers ce but ou cet objectif est une partie importante de cette leçon sur le chemin de vie.

Défi pour le numéro 1

Le défi pour le numéro 1 est de surmonter l'ego en utilisant l'intuition et la reconnaissance d'un pouvoir ou d'un élément supérieur. Le numéro 1 doit "s'adoucir" en établissant des liens avec les autres et apprendre à se laisser aller à la vulnérabilité émotionnelle : il doit apprendre à baisser sa garde. Le numéro 1 est appelé à ne jamais renoncer à faire et à poursuivre ce qu'il aime, car c'est là qu'il trouvera le succès qu'il recherche.

Numéro deux (2) : Couples et dualité

Notre homme seul a trouvé de la nourriture et s'est construit un abri. Comme nous l'avons déjà dit, il est seul. C'est ici qu'intervient l'énergie du chiffre 2, sous la forme d'une femme qui apparaît soudain au bord de son campement ; il n'est plus seul. Il y a maintenant une autre personne impliquée et l'homme solitaire fait désormais partie d'un duo ou d'une paire. Le passage d'une personne à deux introduit une situation totalement nouvelle.

Comme dans toute combinaison d'énergies originales ou uniques (combinaison de 1+1=2 ou homme/femme), il y aura des conflits naturels, car chacun a des personnalités, des goûts, des préférences, des intérêts, des méthodes de communication, des traits de caractère et des idiosyncrasies différents. Dans une situation de "couple", ces différences peuvent se manifester de multiples façons. L'un se couche tard, l'autre se lève tôt. L'un préfère le silence, l'autre bavarde constamment. L'un est plutôt désordonné, l'autre est un maniaque de la propreté. Les possibilités sont infinies. Comme vous pouvez l'imaginer, le conflit peut facilement devenir un problème et un duel basé sur la dualité peut se produire. Le mot clé ici est le compromis, et c'est l'un des défis du numéro 2.

Cependant, heureusement pour notre homme solitaire et l'homme/femme contemporain(e), le 2, ou l'ajout à la scène, est généralement connu pour sa capacité à voir les deux côtés d'une question, est une énergie pacifique et généreuse, et recherche la romance, la domesticité, et n'est pas forcé ou dominateur. C'est pourquoi les conflits qui peuvent survenir sont susceptibles d'être de courte durée, et d'être surmontés et résolus par la gentillesse du chiffre 2. C'est une énergie féminine, douce et diplomatique qui complète l'individualisme du chiffre 1. Les aspects duels inhérents au 2 forment la base des "parents et de la famille cosmiques de l'homme" (20). Cela indique que la plupart des énergies positives du 2 ont un potentiel élevé pour devenir des parents, des amis, des employés et des partenaires qui se soutiennent et s'aiment vraiment.

Malheureusement, lorsqu'elle n'est pas sûre de sa place ou qu'elle est émotionnellement menacée, la personnalité 2 est également connue pour être trop sensible, indécise, peu sûre d'elle, possessive, de mauvaise humeur, maussade, réprobatrice et vindicative. Le risque d'agression passive est élevé, ce qui peut constituer l'un des duels les plus difficiles à mener.

Cependant, si tout est assez calme dans le monde du 2, il se donnera à fond dans ses amitiés, sa famille, son travail et son foyer. Le 2 est le faiseur de paix ; il fera tout ce qui est en son pouvoir pour calmer les eaux troubles et sera un excellent arbitre ou médiateur en raison de sa capacité innée à voir les deux côtés d'une question.

Le 2 a besoin de personnes et d'objets autour de lui. Il a besoin d'une zone de confort (composée d'objets et de personnes familiers) pour fonctionner efficacement. C'est pour cette raison que l'on peut rencontrer de nombreux 2 qui sont des collectionneurs... de tout, des bâtons en plastique aux personnes. Il n'est pas rare de trouver un 2 énergique entouré de plusieurs animaux de compagnie, s'occupant d'une crèche ou accueillant des membres de sa famille.

Il convient d'ajouter que la combinaison des énergies, tout en étant le résultat évident d'un conflit, conduit également à l'intimité. Le numéro 2 a besoin de proximité, de partage, d'honnêteté et de réconfort dans ses relations, mais il a surtout besoin d'une relation qui mène à l'intimité physique. Ce numéro est très tactile et a besoin d'être rassuré par des câlins, des baisers et d'autres démonstrations d'affection. Ce besoin peut être si intense que le 2 se contente souvent d'avoir quelqu'un près de lui. Un trop grand nombre de 2 dans un thème indique un manque fondamental dans les relations formatives, par exemple entre parents et enfants. Le 2 en question passera alors le plus clair de son temps à rechercher cet insaisissable lien d'amour dont il a été privé au début de sa vie ici. Comme on peut l'imaginer, une telle recherche en termes de relations adultes peut conduire à un certain nombre de déchirements, étant donné que la recherche porterait sur les soins et l'attention d'un parent plutôt que sur le partage et l'égalité d'un conjoint. Les deux doivent idéalement trouver un terrain d'entente entre le désir d'une union absolue et le maintien d'un sentiment d'identité. En général, cependant, le point 2 est axé sur l'amour. Une quantité suffisante de bonnes choses aidera le 2 en recherche à reconnaître et à briser les cycles qui appartiennent au passé. En fait, le niveau élevé de compassion présent dans de nombreuses énergies 2 indique une prédisposition à devenir des conseillers, des thérapeutes ou des enseignants efficaces. Ils sont très à l'écoute et très sensibles aux états émotionnels des autres.

Flashback de notre homme et de notre femme seuls. C'est une nuit sombre et orageuse. Les éclairs jaillissent, le tonnerre gronde et le ciel s'ouvre sur un déluge. La femme, effrayée, se réfugie dans les bras de l'homme. Naturellement, le feu crépite et projette une chaleur dorée et des ombres dansantes sur eux alors qu'ils se tiennent ensemble, se regardant avec extase dans les yeux. Après avoir vécu le frisson de leur premier baiser, ils font une sieste et s'allongent sur le tapis en peau d'ours chaud et doux près du feu. Et même s'ils n'y pensent pas, ils viennent d'entamer un processus créatif de premier ordre. L'énergie fertile, active, créative et même magique du chiffre 3 a commencé à faire des miracles. Ils verront cet événement extraordinaire se dérouler au cours des neuf prochains mois.

Ce miracle sera abordé plus tard.

L'arcane majeur du Tarot lié au chiffre 2 est la Grande Prêtresse. Je la vois pleine de secrets et de connaissances sacrées et parfois dangereuses, comme en témoigne le lourd livre qu'elle porte (TORA est souvent considéré comme faisant référence au TAROT à l'envers, avec le T caché ; TORA se trouve également sur la Roue de la Fortune... d'autres, comme moi, croient qu'il s'agit du Livre de la Loi). La Grande Prêtresse est l'équivalent féminin du Sorcier et possède un grand nombre des mêmes mystères et pouvoirs magiques, mais son sens le plus fort est celui de l'intuition.

Sous forme humaine, il représente une personne ouverte à la réalité qui l'entoure et au monde intérieur de l'intuition et de l'esprit. Elle est l'union des deux : elle est la couverture du livre et de son contenu et représente le lien entre l'unité de deux, en particulier celle de l'esprit et de l'homme. Remarquez également que le chiffre 2 est visuellement mis en évidence sur cette carte, car il se trouve entre deux colonnes, dont l'une est blanche et l'autre noire, ce qui fait à nouveau référence aux deux mondes différents de la Grande Prêtresse. Cependant, il n'est ni blanc ni noir ; sa vérité se trouve dans l'ombre, entre les deux.

L'arcane majeur du Tarot de la Justice (11) est également réduit au chiffre 2 et fait référence aux deux composantes de la loi : l'innocence contre la culpabilité. D'autres façons de l'exprimer sont "le mensonge contre la vérité", "le bien contre le mal" ou "le bien contre le mal". La tâche de la justice est de discerner la vérité (remarquez à nouveau les deux piliers entre lesquels la justice est assise) et d'atteindre un certain type d'équilibre, ce qui est symboliquement évident dans l'affaire du

(2) des plaques formant la balance représentée sur la carte et l'épée tenue dans la main opposée. La balance ne s'inscrit que si l'on y ajoute quelque chose, et ce quelque chose est représenté par l'épée, qui est un élément aérien et renvoie au pouvoir de la parole. La parole joue donc un rôle

La justice joue un rôle important dans cette affaire et déterminera le résultat lorsqu'elle sera mise en balance. Il n'est pas surprenant que la justice fasse référence au système judiciaire, qui régit les actions "légales et illégales". C'est une autre façon de dire "ce qui est en haut est en bas". La justice veille à ce que les choses soient équitables et justes, jusque dans le contrat légal et les petits caractères, car ce qui est imprimé peut cacher un mensonge.

L'arcane majeur du jugement a une valeur de 20, qui se réduit au chiffre 2. Comme vous pouvez le voir, l'archange Gabriel sonne une corne au-dessus des personnages qui semblent se tenir debout dans leurs cercueils et qui semblent faire partie d'un cimetière. Comme vous pouvez le voir, l'Archange Gabriel sonne une corne au-dessus des personnages qui semblent se tenir dans leurs cercueils et qui semblent faire partie d'un cimetière. Mon sentiment sur cette carte est qu'elle offre une seconde chance, une autre vie, un chemin alternatif. Une autre interprétation de cette carte est qu'elle offre la possibilité de s'élever au-dessus des limites de notre corps humain et de notre ego. Quoi qu'il en soit, le Jugement a deux côtés : le pour et le contre. En tant que tel, il se rapporte également à la dualité des deux.

Comme vous pouvez le constater, l'énergie du 2 est d'une importance fondamentale en termes de contenu et de signification pour toutes ces cartes : deux côtés, deux verdicts et deux réalités.

Valeurs multiples 2

Comme nous l'avons déjà mentionné, le nom qui est lourd de 2 valeurs éprouve souvent des difficultés dans ses relations personnelles. Le désir ou le besoin de "s'unir à un autre" d'une manière significative est fort et remonte généralement à une union insatisfaisante avec l'un des parents (pas nécessairement les deux). C'est pourquoi l'adulte 2 sera enclin à rechercher le partenaire idéal et à consacrer trop de temps et d'énergie à essayer de plaire à ceux qui lui sont chers ou qu'il aime. Cela peut inclure et inclut les amis, la famille, les amants, les maisons, les emplois, tout ce qui est composé d'entités opposées ou séparées. Le numéro 2, porteur de paix, recherche des émotions et des personnalités douces, ce qui peut, à juste titre, entraîner de fréquentes déceptions. Comme on peut s'y attendre, ces déceptions peuvent également conduire à des périodes de dépression, de prudence et à un sentiment d'insécurité. S'il est impliqué dans des situations ou des relations obsessionnelles ou abusives, le numéro 2 peut se retirer de la vie et devenir vulnérable aux addictions, aux comportements contraires à l'éthique ou illégaux et à l'instabilité émotionnelle.

Un graphique avec 2 valeurs

Une personnalité qui n'a pas 2 valeurs dans sa lecture aura tendance à traiter les relations intimes de manière plutôt insouciante, du moins en apparence. Elle peut éviter l'implication émotionnelle ou ne pas ressentir le besoin de fusionner avec une autre personne. Ce type d'énergie n'a généralement pas besoin de la présence de quelqu'un d'autre pour se sentir complet ou valide. En fait, un Il graph qui présente des vibrations faibles ou absentes peut ne pas ressentir du tout le besoin de se connecter avec les autres.

Descriptions traditionnelles

Voici quelques descriptions traditionnelles de la personnalité du nombre 2 : tactile, amical, serviable, diplomatique, loyal, digne de confiance, gentil, romantique, compatissant, attentionné, domestique et timide. Un 2 négatif peut être émotionnellement manipulateur,

lunatique, peu sûr de lui, timide, mentalement déséquilibré et passif-agressif.

Les mots arrivent en deuxième position

Les mots suivants se réfèrent au chiffre 2 et reflètent à la fois la nature de 2 et la nature double de cette essence numérique : toucher, amitié, parentalité, spiritualité, serviabilité, partage, loyauté, équilibre, dualité, porte, fenêtre, lit et téléphone.

Chemin de vie pour le numéro 2

Le chiffre 2 est synonyme de partage, d'attention et de compromis. Il aura besoin d'un partenaire ou d'une personne dont il s'occupera : les relations sont l'essence même du 2. Le travail devrait impliquer des situations individuelles où les liens sociaux seront nombreux. Négociateur naturel, le 2 est calme face aux conflits et fera tout pour rétablir ou maintenir la paix. Gentil et loyal, le 2 s'épanouit lorsqu'il est entouré de sa famille et de ses amis. Il doit cependant apprendre à faire des compromis : tout le monde n'est pas aussi docile et gentil que lui.

Défi pour le numéro 2

Le défi pour le 2 est de maintenir son individualité même au sein d'un groupe amoureux et de faire la distinction entre soi et l'autre. Dans sa quête d'amour, il doit comprendre que la source de l'amour est à la fois cosmique et intérieure ; elle ne peut être fournie par une autre personne. Les 2 doivent se concentrer sur leur propre épanouissement et moins sur celui des autres. Ce n'est pas de l'égoïsme, c'est être fidèle à soi-même. Le défi du numéro 2 est d'apprendre à ne pas se compromettre par amour. Le 2 typique doit également apprendre à se défendre et à dire ce qu'il pense de manière efficace et claire.

Numéro trois (3) : Créativité et magie

Si vous pouvez imaginer notre homme seul et sa femme dans quelques mois et que vous voyez la femme enceinte, vous aurez une bonne idée de l'énergie qui entoure le nombre 3. Ce nombre régit la créativité, la fertilité, l'activité, la pensée et un certain élément de magie et de chance. Ce chiffre régit la créativité, la fertilité, l'activité, la pensée et un certain élément de magie et de chance. Il évoque les énergies combinées de deux éléments produisant un troisième élément assez particulier, en l'occurrence un enfant. Je considère moi aussi que cette essence numérique est essentiellement féminine, bien que d'autres sources la considèrent comme masculine. Je pense que le commentaire le plus approprié est qu'il s'agit d'un mélange de deux éléments.

Pour ces parents, il y a eu un bond incroyable dans l'activité physique et mentale. L'arrivée d'un enfant a créé une famille (le triangle, la trinité ou la "troisième dimension" de "la mère, le père et l'enfant") et les parents sont en pleine effervescence. Ils sont concentrés à 100 % sur la naissance de leur enfant et sur ses besoins, qui sont nombreux. Ils s'interrogent souvent sur ce miracle magique, sur la perfection de ce petit être et de ses créateurs, ces deux qui sont devenus trois. Le fait est que les adultes sont uniquement concentrés sur les besoins, les désirs et les demandes réelles de l'enfant. Lorsqu'il n'est pas occupé à répondre physiquement aux besoins de l'enfant - le nourrir, le changer, le protéger, l'éduquer, l'encourager, le divertir - il pense à l'enfant et à son avenir. L'activité constante de la pensée et du corps : c'est l'énergie primaire du 3 et son lien avec les fortunes magiques (création de l'enfant) et l'amusement sans fin.

Quittons maintenant la demeure trépidante de la famille de l'homme seul et traduisons l'énergie du 3 en une personne d'aujourd'hui. Comme le suggèrent ses principales associations de créativité, de fertilité, d'activité et de chance, le 3 est toujours en mouvement. Les érudits anciens et modernes considèrent le chiffre 3 comme l'énergie qui crée toutes choses, car il surmonte le 2 de la dualité en introduisant un autre aspect, comme la naissance d'un enfant. C'est la trinité du corps/mental/esprit, de la naissance/vie/mort, de la pensée/action/résultat, du passé/présent/futur, du début/milieu/fin. Le spectre entier est encapsulé dans sa structure et son énergie ; le cerveau est donc toujours actif, tout comme le corps, si ce n'est plus, et il est "prêt, prêt, partez".

Cette énergie est toujours occupée à quelque chose, que ce soit au travail ou dans les loisirs. Il est courant chez les personnes de type 3 de faire physiquement une chose alors que le cerveau ou l'esprit se trouve sur un terrain de jeu complètement différent, comme aller acheter des chaussures tout en se demandant de quelle couleur peindre le salon et s'il faut ou non aller à la fête du bureau la semaine prochaine. Les personnes de type 3 ont une durée d'attention courte, c'est pourquoi peu d'entre elles se consacrent à la lecture de Guerre et Paix. Ils préfèrent ne pas se concentrer trop longtemps sur une seule chose : il y a trop d'autres choses à penser et à faire. Les énergies du nombre 3 sont très créatives et sont de grands communicateurs et, en tant que tels, sont de fantastiques amuseurs, comédiens, artistes, chanteurs ou auteurs. Les trois sont touchés par la magie, comme la vision offerte par un "troisième œil" ouvert (la pensée mystique d'éveil contenue dans la glande pinéale, une petite glande située au centre du cerveau et derrière les yeux). La troisième fois est la bonne", "Père, Fils et Saint-Esprit", "3 strikes and you're out !" (3 chances), "3 wishes" (3 souhaits), etc. (3 chances), "3 souhaits" et le monde tridimensionnel dans lequel nous vivons. Ou vous pouvez cliquer trois fois sur vos talons pour rentrer chez vous.

Le caractère 3 semble donc se référer à quelqu'un qui possède beaucoup de chance, qu'il soit stupide ou non. Les trois ont tendance à atteindre le sommet de leur profession grâce à leur activité cérébrale constante, leur niveau de créativité, leur énergie, leur curiosité et leur originalité. En toute honnêteté, cependant, je ne cesse de me demander ce que ces trois-là fuient avec tant d'ardeur. Oui, une partie de l'énergie est naturelle et intégrale, mais, malheureusement, il y a généralement un facteur de motivation dans le niveau d'énergie expulsée et cette motivation remonte généralement à l'enfance et a une vibration négative, d'où l'envie de continuer, de continuer à bouger, de ne jamais s'arrêter - parce que si les 3 s'arrêtent, ils devront faire face non seulement à eux-mêmes, mais aussi à ce qu'ils fuient de manière si dogmatique. Avec le facteur chance du 3 qui monte en flèche, il y a de fortes chances que, indépendamment de ce que le passé peut révéler, le 3 réussisse - peut-être en raison de son défi de "renaître", c'est-à-dire de rassembler et d'assimiler tous les aspects de soi (corps, âme et esprit) en une seule énergie équilibrée.

Il n'est pas étonnant qu'une personne âgée non éclairée ait tendance à manquer d'énergie ou, pire encore, à se retrouver au pied du mur. Cela signifie qu'il faut ralentir en vieillissant, car le corps humain n'est pas fait pour fonctionner à grande vitesse pendant de longues périodes. Les pièces s'usent ou s'épuisent naturellement et les problèmes de santé obligent le numéro 3 animé à faire une pause... qui peut être très longue.

D'un point de vue sentimental, le partenaire d'un 3 devrait être très indépendant et sûr, car l'activité constante du partenaire le laisserait la plupart du temps livré à lui-même. Un 3 pourrait se sentir à l'aise avec une énergie plus solide, comme un 4, qui lui offrirait un foyer stable.

et le sentiment de stabilité dont un 3 hyperactif peut avoir besoin et qu'il apprécie. Bien sûr, cela signifierait que le 4 en question devrait relâcher certaines de ses impulsions naturelles pour l'ordre et la routine, mais une fois de plus, l'amour ne conquiert-il pas tout ?

L'énergie du 3 est une fois de plus évidente lorsque nous examinons l'Arcane Majeur de l'Impératrice : c'est la fertilité à son meilleur. Parfois désignée comme la Terre Mère, elle est souvent représentée enceinte (et le voisinage est le symbole de la féminité), ce qui peut indiquer la naissance d'un enfant, d'une relation ou d'un projet. Tout ce qui est fertile et en croissance est son domaine. La plupart des représentations de l'impératrice la montrent entourée de fleurs naissantes ou écloses, d'arbres en bonne santé et d'eaux courantes, qui sont nécessaires à la croissance (et représentent également les émotions). Elle est la mère - et nous savons tous à quel point les mères sont occupées et avec quelle admiration et quel respect elles sont généralement perçues par leurs enfants. L'impératrice personnifie le pouvoir féminin, la créativité et les capacités magiques (mettre au monde un bébé). En tant que telle, elle doit être considérée avec le plus grand respect et traitée avec soin... comme devrait l'être notre mère la Terre.

L'arcane majeur du Pendu (numéro 12) est également réduit au 3 et représente une action visant à cesser l'action, ce qui est réalisé en se suspendant volontairement la tête en bas à un arbre ou à un poteau, afin de mieux voir les situations sous des angles différents et de faire une pause pour contempler et réorganiser. Cette carte indique qu'il faut arrêter l'énergie toujours active du 3, la retenir ou la suspendre suffisamment longtemps pour voir les choses sous un angle différent. Il convient de noter le chiffre 12, qui indique une certaine forme d'achèvement. Ce personnage a atteint la fin d'une phase et fait une pause avant de continuer. Le message de cette carte est peut-être un peu étrange en ce sens qu'il cherche à inverser et à arrêter une activité et à

repos imposant : une action réalisée avec des méthodes peu orthodoxes. L'auréole qui entoure la tête de notre personnage indique une nouvelle compréhension et un éveil spirituel.

L'arcane majeur du monde (21) rappelle le vieil adage selon lequel le monde est votre huître, et c'est ce qu'il signifie.

La carte est caractérisée par un sens de l'équilibre, qui se reflète dans les deux baguettes que tient la dame et dans les deux lemniscates (symboles de l'infini), que l'on peut voir aux extrémités supérieure et inférieure de la couronne de laurier qui l'entoure. C'est la récompense à la fin d'un long voyage : elle offre le succès, le voyage (un excellent exemple d'activité) et une huître parfaite qui s'ouvre (comme par magie) pour révéler sa perle parfaite.

C'est la dernière carte des arcanes majeurs, elle englobe toutes les activités et pensées antérieures et indique la conclusion d'au moins un chapitre de la vie, qui est généralement considéré comme gratifiant. Il est intéressant de noter que le corps humain a généralement cessé de se développer à l'âge de 21 ans et que, dans de nombreux pays, la reconnaissance légale intervient à l'âge de 21 ans. Cela indique des niveaux d'achèvement et des sentiments de complétude et d'acceptation, une nouvelle base à partir de laquelle d'autres actions peuvent être entreprises.

Nous avons donc trois cartes très différentes qui soutiennent et démontrent le pouvoir du chiffre 3 de manières très différentes, mais qui sont en fin de compte toutes liées les unes aux autres.

Multi 3 valeurs

Trop de valeurs 3 dans un nom indique trop d'activité. Simplement, trop d'énergie 3 peut produire trop d'intérêts, de passe-temps, de directions ou de connexions. En d'autres termes, le multi 3 peut se retrouver à passer d'un projet à l'autre, d'un travail à l'autre, d'une maison à l'autre, d'une ville à l'autre, d'une personne à l'autre : c'est une quête sans but ni récompense. La capacité d'attention du 3 est limitée, ce qui peut conduire à l'infidélité, au manque de fiabilité et au chaos général. D'un autre côté, le 3 chargé peut aussi avoir un style de vie enviable qui peut inclure beaucoup de voyages, d'excitation et de liberté, ce qui est très bien, tant que c'est

ce que l'on veut vraiment. Cependant, il faut veiller à ne pas se présenter sous un faux jour aux autres qui pourraient voir les choses différemment. Par exemple, un 2 qui souhaite s'installer avec un 3 risque d'attendre longtemps, et le 3 doit clarifier ses intentions pour éviter les malentendus et les blessures. Ceci s'applique à toute relation dans une vie fortement gouvernée par le 3... la considération des autres est d'une grande importance.

Un graphique avec 3 valeurs

Ceux qui n'ont pas de 3 dans leur lecture ont un mode de vie équilibré : l'activité physique est généralement normale, de même que le niveau des schémas de pensée. Cependant, un peu de chance à l'ancienne (accrocher un fer à cheval !) peut être utile et il peut souhaiter incorporer une forme d'exercice dans sa routine.

Descriptions traditionnelles

Les descriptions typiques du 3 sont les suivantes : énergique, positif, créatif/artistique, visionnaire, hypnotique, séduisant, humoristique, flirteur, charmant et sensuel. Lorsque le 3 devient négatif, il peut être peu fiable, vaniteux, arrogant, gaspilleur, ennuyeux, insaisissable, délirant et frustrant à tous les niveaux.

Mots qui s'additionnent au nombre 3

Certains mots qui contiennent l'énergie de 3 et/ou qui stimulent le corps, le cerveau ou l'esprit sont trois, impératrice, amour, magie, énergie, comédien, amuseur, infirmière, administrateur, philosophie, activité et ouragan.

Chemin de vie pour le numéro 3

Le numéro 3 est toujours prêt à faire quelque chose : il aime les aventures et les nouveaux projets et se débrouillerait bien dans des postes qui offrent de la variété et de la spontanéité. Très sociable, charmant et amusant, le chemin de vie du nombre 3 indique que l'expression créative (sous quelque forme que ce soit) est un don naturel qu'il convient de poursuivre. Le chemin du 3 peut être passionnant et comprend des voyages de routine, des changements et de nouvelles expériences, et devrait idéalement inclure un partenaire partageant les mêmes idées.

Défi pour le numéro 3

Le défi pour les trois est de s'arrêter, de rester immobile suffisamment longtemps pour permettre à tous les aspects du corps, de l'esprit et de l'âme de s'unifier. Les 3 doivent apprendre à se sentir à l'aise dans leur propre peau. Ne rien faire et permettre à l'esprit de voyager où il veut (ce qui est une forme de méditation) est l'un de leurs défis, tandis qu'un autre est d'honorer leurs talents (ou dons) artistiques et créatifs. Dans ce dernier cas, il s'agit d'apprendre à se concentrer sur une chose (un passe-temps ou un hobby favori) et à la poursuivre à l'exclusion de toute autre chose. Il y a de la magie à faire cela, une renaissance et une satisfaction spirituelle.

Numéro quatre (4) : des fondations solides

Dans le camp de l'homme seul, il y a maintenant une famille. Et ce que la plupart des familles aiment, c'est un foyer : un endroit sûr, solide et sécurisé qu'elles appellent leur maison. Notre homme seul n'est pas différent. Il a coupé, façonné et dégagé l'espace pour pouvoir dessiner les quatre coins de sa structure et poser des fondations solides et stables sur lesquelles il construira sa maison.

Le 4 pur est ancré, il est ferme et solide. Pensez aux 4 vents, aux 4 saisons, aux 4 directions, aux 4 roues d'une voiture, aux 4 pieds d'une chaise, aux 4 coins d'une maison ou encore aux 4 membres traditionnels d'une famille. Cette énergie, que je considère comme masculine, est concrète, responsable, logique, cyclique, répétitive et pratique, et représente généralement une personne orientée vers la famille, loyale et patriotique. Un effet secondaire malheureux de cette constance routinière est l'ennui, dû à la simple répétitivité d'un cycle persistant, qui devient forcément banal à un moment ou à un autre. Le 4 doit se garder de l'ennui excessif et de la procrastination, car cela peut faire ressortir le côté le plus argumenté, opiniâtre, sans humour, têtu et carrément méchant du 4, par pure frustration.

Dans l'ensemble, cependant, le 4 est l'une des énergies numériques les plus favorables si l'on aime les responsabilités, l'honnêteté, la fiabilité et le sérieux. D'autres qualités propres à la personnalité du 4 sont la méticulosité, le perfectionnisme et une aversion apparemment naturelle pour les figures d'autorité ou toute personne ayant un rôle de supervision. Cela est dû à la capacité et au désir inhérents du 4 de prendre le contrôle et d'assumer des responsabilités ; il n'a pas besoin que quelqu'un le fasse à sa place ou lui montre comment faire. Par conséquent, bien que les 4 soient généralement de bons employés, ils sont plus aptes à travailler seuls. Certains 4 peuvent également souffrir du syndrome du dernier mot, conséquence de leur tendance à dominer (le 4 est lié au 8, qui est un nombre de contrôle). Le 4 a également l'étrange capacité de changer de point de vue ou de prendre des positions opposées, comme dans un débat avec la même personne qui soutient les deux camps. Il le fait également de manière convaincante.

Comme nous l'avons déjà mentionné, le 4 est l'une des énergies les plus constantes de l'échelle des nombres, simplement parce qu'il est fiable, loyal, authentique et fidèle. Cependant, le 4 peut aussi se présenter sous une autre forme, peut-être moins souhaitable : sa leçon peut porter sur l'apprentissage de la confiance et de la responsabilité personnelle. La différence entre les deux ne devrait pas être difficile à déceler.

L'Empereur Arcane Majeur (4) est la figure paternelle par excellence, il fournit et personnifie les règles, l'autorité, la loi, la routine, la fiabilité et les conseils avisés. En d'autres termes, il est le fondement, la sagesse et l'énergie de base et n'est pas du genre à se laisser défier ; cet homme a vu le monde et connaît ses vérités. L'attitude confiante, sûre et détendue de l'homme à la barbe, l'homme qui s'assoit sur son trône comme s'il s'agissait d'une extension de lui-même, témoigne de son expérience, tout comme son armure témoigne de son passé de combattant du bon combat. L'image du bélier qui l'accompagne souvent est une vérification supplémentaire de la force, de la détermination et du leadership que l'empereur incarne et sert à confirmer les énergies des 4 par lesquels il est gouverné. Cet homme est à la fois la loi et l'expérience ; il sait que les réponses à toutes les questions sont basées sur la vérité.

La Mort (numéro 13) est une autre carte de l'Arcane Majeur qui porte les 4 énergies : cependant, cette énergie fondamentale se manifeste d'une manière légèrement différente, offrant des changements fondamentaux et souvent permanents aux paramètres élémentaires de la vie elle-même. Sa signification principale est que quelque chose qui a été une partie fondamentale de la vie prend fin ou change de manière significative. La carte de la mort signifie rarement une mort physique réelle : elle se réfère à des questions fondamentales et à des changements qui se produisent au sein de ces structures de base. Ainsi, bien que son ton soit différent, la Mort provient des mêmes racines que l'Empereur, et les deux figures sont également respectées et peut-être même quelque peu craintes en raison de l'autorité ultime qu'elles symbolisent toutes les deux. Cependant, si l'on regarde de plus près la Mort, le cheval d'un blanc pur qu'elle monte est en fait un commentaire sur l'énergie claire et propre. De plus, le soleil se lève dans le ciel lointain. Il ne s'agit donc pas d'une fin telle que nous l'entendons, mais plutôt du début de quelque chose de différent ; quelque chose qui ne nous est peut-être pas familier, mais qui contient la promesse d'un nouveau jour, qui vient après avoir connu quelques nuits sombres.

J'aimerais ajouter que le jeu de tarot est composé de 22 cartes de l'Arcane Majeur (un nombre maître qui se réfère à la construction de quelque chose d'important, qui se résume également à 4- les questions et événements fondamentaux qui constituent la vie elle-même) et comprend les couleurs des Pentacles, des Baguettes, des Coupes et des Épées.Ces graines se traduisent par les quatre principaux éléments de l'existence : notre corps physique, notre argent et notre carrière (Pentacles) ; notre esprit, notre capacité à créer, notre passion et notre intensité (Bâtons) ; nos émotions, leurs conséquences et leurs récompenses (Coupes) ; et nos pensées et nos mots, ce que nous en faisons et comment ils peuvent influencer ceux qui nous entourent (Épées).

Le chiffre 4, robuste et solide, est la base sur laquelle repose tout le système de divination spirituelle, un commentaire fort sur les essences fondamentales de cette vibration.

Valeurs multiples 4

Toute personne ayant une prépondérance de valeurs 4 dans l'analyse de son nom est susceptible d'avoir des problèmes avec les membres de sa famille. Cela peut se manifester par un désir d'être responsable et fiable, mais avec la difficulté de le réaliser (surtout si le nombre secondaire est 13). Le 4 étant stable et fonctionnel, une personne dotée de cette énergie est amenée à basculer d'un côté ou de l'autre. Dans la vie quotidienne, elle prendra trop de responsabilités et de pragmatisme à partir de cette vibration de base, ce qui peut se traduire par une méticulosité excessive, des règles inflexibles et même un niveau tellement fort de "une place pour chaque chose et chaque chose à sa place" que les frustrations peuvent conduire à des pertes de temps excessives.

à un comportement abusif. Le 4 fanatique peut être exaspérant, têtu et inamovible : l'expression "fixé dans ses habitudes" vient à l'esprit. Cela peut faire du multi 4 un bon partenaire commercial, un bon dirigeant et un bon employé, à condition qu'il ne soit pas tellement pris par les détails qu'il en perde la vue d'ensemble.

En tant que partenaire domestique, le quatrième peut finir par traiter le partenaire d'une manière commerciale plutôt que romantique, ce qui peut entraîner toutes sortes de problèmes.

Comme je viens de le mentionner, le multi 4 peut également faire preuve d'un manque de conscience alarmant en ce qui concerne les bases de la vie. Tout ce que je viens de dire sur le 4 peut être inversé, et ce type de 4 aura du mal à s'engager, à s'attacher à une carrière, à une relation ou à un lieu, et se retrouvera en perpétuel mouvement pour éviter de poser des jalons ou de s'enliser dans un lieu, avec une personne ou dans un travail. En fin de compte, ce type de 4 devra apprendre à dépendre de lui-même plutôt que des autres (dans ce cas, une forme de 4 apparaît généralement dans le cadre du chemin de vie).

Un graphique avec 4 valeurs

Une personnalité dont les valeurs n°4 sont présentes dans sa lecture ne trouvera pas que la responsabilité personnelle ou le devoir soit un problème ; elle aura un sens du devoir naturellement développé et une compréhension équilibrée des responsabilités de la vie. Parfois, les valeurs 4 peuvent indiquer le besoin de prendre des responsabilités personnelles pour les responsabilités banales et les détails de la vie quotidienne.

Significations traditionnelles

Un 4 d'énergie traditionnelle peut être considéré comme fiable, travailleur, loyal, patriote, orienté vers la famille, honnête, méticuleux et méthodique. Une personnalité 4 négative peut être arrogante et avoir des opinions tranchées,

irresponsables, défensifs, évasifs, argumentatifs, sans inspiration, rebelles et même contrôlants, cruels et violents.

Mots dont l'addition donne le chiffre 4

Certains mots qui illustrent l'énergie du 4 sont liés à des fondamentaux reconnus et comprennent les fondations, l'élément, la base, le régulier, le domestique, l'autorité, le fiable, le contrôle, le sexe, la bible et le tonnerre. (La graphologie, c'est-à-dire l'étude de l'écriture, est intéressante. Cette pratique révèle l'identité ou l'état d'esprit d'une personne, tout comme les empreintes digitales, bien que son utilisation soit plus psychologique).

Chemin de vie pour le numéro 4

Il s'agit d'un chemin de travail et de prise de responsabilité pour le contenu de la vie. L'essence de ce nombre indique la fiabilité, la responsabilité, la force, la détermination et la satisfaction de gagner sa vie. La charité n'est pas une chose que le 4 développé acceptera facilement. Souvent considéré comme organisé et méthodique, le 4 est le nombre qui recherche la sécurité et la routine et qui prend un grand plaisir à subvenir à ses besoins et à ceux de sa famille.

Cependant, ce chiffre peut également indiquer une personne dont le chemin consiste à apprendre la responsabilité personnelle de sa propre vie plutôt que de rechercher la sécurité de l'extérieur. Ce type de 4 peut avoir une vie financière difficile jusqu'à ce que cette leçon soit apprise et incorporée dans la psyché, ce qui se produit généralement, bien que parfois plus tard dans la vie.

Défi pour le numéro 4

Le défi pour le numéro 4 est de combiner responsabilité et plaisir. Cette énergie a besoin de se détendre et de profiter un peu plus de la vie, ou elle a besoin d'apprendre à prendre et à accepter ses responsabilités de manière fondamentale. Le numéro 4 est mis au défi de travailler (souvent avec ses mains) dans un emploi qu'il aime vraiment, mais qui présente de nombreux défis en soi. L'essentiel est d'établir le plan et de le suivre malgré tous les détours et les nids-de-poule.

Numéro cinq (5) : Changement et liberté

Les années ont passé et notre famille d'hommes seuls se porte bien. L'élément clé illustrant l'influence du numéro 5 concerne leur fils, qui est maintenant un adolescent. Comme les adolescents sont des deux sexes et que ce qui suit peut être vécu par les deux, j'ai tendance à attribuer à ses vibrations des énergies masculines et féminines.

L'expérience de l'adolescent moyen implique une sorte d'éveil ; nous prenons conscience de nos sens et de notre corps physique (pensez aux cinq points du pentagramme étoilé comme superposant la figure de l'homme). Nous recherchons également le frisson de l'expérimentation, de nouveaux visages et de nouveaux lieux, et le droit de nous exprimer (et de nous faire plaisir) de la manière qui nous convient le mieux. Cette phase énergétique nous fait prendre conscience que nous sommes des êtres distincts de nos parents et qu'à ce titre, nous sommes indépendants et libres de faire ce que bon nous semble. C'est du moins ce que nous pensons. Et c'est ce que pense l'adolescent solitaire. Si vous pouvez imaginer les frasques de cet adolescent, vous aurez une bonne idée de l'ambiance qui règne autour de ce chiffre énigmatique et parfois déroutant.

Le chiffre 5 évoque la liberté, le changement, l'individualisme et les sens. Même au sein d'une cellule familiale bien établie, ces pulsions peuvent toucher tout le monde, surtout après une période de stabilité et de routine. Le nombre 5 intervient souvent pour contrer l'ennui, qui est l'une des choses auxquelles le nombre 4 doit également prêter attention.

Les 5 énergies sous-tendent le désir de quelque chose de plus, de changement, d'aventure et de liberté. Il y a une profonde agitation et un désir correspondant de stimulation, en particulier des sens. En tant que personne, cette énergie peut donner naissance à une personne fascinante, mais très insaisissable et éphémère.

Le 5 est l'administrateur, celui qui décide et fait ce qu'il veut. Cette énergie est aussi celle de la communication. Il aime vocaliser, écrire, dessiner, peindre ou sculpter, tout ce qui fait passer des messages par des voies artistiques.

En raison de ses nombreuses significations, on pourrait penser que la vibration de ce nombre contient un chaos potentiel dans sa structure, et c'est effectivement le cas. Heureusement, une autre caractéristique du 5 est qu'il comporte un point d'équilibre naturel (il se situe au milieu de l'échelle des nombres de 1 à 10). C'est le milieu, la moitié vide ou pleine, la position naturelle sur l'échelle qui parle de l'état normal et naturel de neutralité. Quel effet cela a-t-il sur la force du besoin d'expérience ? De communication ? De liberté ? Curieusement, la charge de haute fréquence du 5 pur est équilibrée par sa position au milieu de l'échelle, de sorte que malgré les changements à profusion, le 5 semble toujours rester en équilibre, même lorsque le bateau tangue. Le changement, après tout, fait naturellement partie de la vie et doit être anticipé, attendu et absorbé ou adapté, et heureusement, le 5 est le plus apte à le faire.

Une vraie personnalité 5 est très difficile à gérer. Elle représente tout ce que j'ai mentionné plus haut. Ils sont vraiment indépendants, autoritaires, accros à la liberté et, parfois, à l'excitation. À son niveau de vibration le plus élevé - que l'on trouve dans un thème comportant de nombreux 5 - le besoin d'excitation, de défi et de stimulation des sens, et oui, je parle bien de tous les sens, est aigu. Le chiffre 5 a besoin d'une diversité et d'un changement constants, sinon il stagne et s'enfonce dans des attitudes négatives, se replie sur lui-même et adopte des habitudes ou des comportements destructeurs.

Bien que le 5 soit également un bon charmeur et qu'il puisse porter un masque de fiabilité pendant un certain temps, il serait imprudent de dépendre entièrement d'un 5, car il a tendance à vivre dans l'instant et est facilement ému et influencé si quelque chose attire son attention et la retient. Le 5 est sous l'influence de la liberté : il ne réagit pas bien au fait d'être lié, contrôlé, contenu ou enfermé dans une routine quelconque. S'il se trouve dans une telle situation, le 5 s'adaptera, mais la vérité de ce qu'il pense ou planifie sera profondément cachée, et le changement se produira à nouveau, parfois de façon inattendue pour les autres personnes concernées. Comme nous l'avons déjà mentionné, ils sont toujours autoritaires : ils sont les patrons d'eux-mêmes et, parfois par inadvertance, des autres. Cela en fait un choix potentiellement difficile pour un partenaire ou même un employé. Bien qu'il s'agisse d'une énergie très sympathique et engageante, elle finira par faire les choses à sa manière, ce qui a tendance à laisser derrière elle des personnes, des lieux et des choses, souvent sans avertissement.

Ces courageux aventuriers sont ceux que vous trouverez dans des carrières inhabituelles, voyageant dans des endroits inhabituels, sautant d'un avion, conduisant des voitures de course, escaladant des montagnes et vivant la vie au maximum, tout en trompant parfois (sciemment ou non) la mort. En fonction du lieu et d'autres détails, il peut également s'agir de courtiser le destin de manière moins positive, par exemple en expérimentant l'alcool, le sexe et les drogues, car le 5 est également gouverné par les sens. Les personnes ayant une pléthore de valeurs 5 sont souvent mentalement tendues et difficiles à "encadrer". En raison du lien avec Mercure, elles peuvent avoir des mouvements et des humeurs rapides. Parce qu'ils préfèrent se prendre en charge, les 5 sont constamment à l'affût de nouvelles opportunités et de nouveaux défis et peuvent passer d'une situation ou d'une personne à l'autre en un clin d'œil. Le 5 est la plus puissante des vibrations d'attraction sexuelle et peut, s'il le souhaite, attirer l'autre sexe (ou le même) aussi facilement et naturellement que la proverbiale flamme attire le papillon de nuit.

L'individu libre de faire et d'être comme il l'entend est l'étincelle du champagne, l'éclair de la poêle à frire (c'est-à-dire l'or qu'elle contient) et les ailes de l'oiseau. Si vous lui retirez le champagne, si vous marchez sur sa poêle à frire ou si vous lui coupez les ailes, vous aurez entre les mains une énergie agitée, nerveuse et frustrée. Le meilleur conseil que je puisse donner pour gérer les 5 est de les laisser se déplacer librement. S'accrocher à un 5, c'est comme essayer de s'accrocher à un poisson : il se libère de vos mains, saute dans l'océan et s'en va, probablement pour ne plus jamais être vu (ou attrapé) !

Une possibilité qui peut attirer inconsciemment le 5 (ou être une voie prédestinée) est de devenir bien connu et respecté, soit au sein de sa propre communauté en étant propriétaire d'entreprises prospères ou en occupant des postes de haut niveau, soit dans le monde entier pour l'une ou l'autre des millions de raisons. C'est le seul nombre à avoir cette opportunité, celle d'attirer l'attention des médias grâce à des actions ou des talents spécifiques. Cette attention peut facilement déboucher sur la célébrité, voire l'infamie ; tout dépend de la raison pour laquelle l'attention a été attirée. Bien sûr, il s'agit d'un cas rare, mais la célébrité existe et plus il y a de 5 dans le tableau, plus le potentiel est élevé. De nombreuses célébrités d'aujourd'hui et d'hier ont des 5 importants dans leur grille d'analyse (Oprah, Jay Leno, Angelina Jolie, Nicole Kidman, Katharine Hepburn et Charlton Heston, pour n'en citer que quelques-uns). Dans le cas des multiples de 5, s'attendre à une vie domestique et normale peut ne pas être réaliste jusqu'à ce que 5 ait atteint, voire dépassé, l'âge mûr. Il est possible qu'avec l'âge, le 5 s'adoucisse, mais cela ne se produirait probablement que dans le type de défi ou d'excitation dans lequel il s'engage. Franchement, la plupart des 5 aiment leur vie telle qu'elle est, merci beaucoup.

Je trouve les deux arcanes majeurs contenant l'énergie 5 très intéressants en ce sens qu'ils servent tous deux à assurer l'équilibre : l'un d'eux, le Hiérophante (5), est généralement perçu comme une figure puissante et parfois religieuse qui exerce une énorme influence sur un grand groupe de personnes. Il peut être considéré comme le sauveur : celui qui fournit la loi et la tradition appropriées pour maintenir et soutenir le contrôle sur les différents personnages et personnalités sous son autorité. Comme mentionné ci-dessus, l'un des facteurs rédempteurs de cette énergie numérique est son point d'équilibre naturel, ou sa capacité à maintenir l'ordre à travers le chaos, et le Hiérophante agit comme l'orateur de la maison : il guide les masses et établit l'ordre divin pour contrebalancer le chaos.

La deuxième carte des Arcanes Majeurs qui totalise 5 est la Tempérance (14), qui fait également référence au besoin d'équilibre, mais alors que le Hiérophante s'adresse aux masses, la Tempérance contient un message plus intime et personnel : elle s'adresse à l'individu et indique généralement le besoin de rétablir l'équilibre dans sa vie. Elle fait référence à la modération (surtout après une surcharge sensorielle), à la guérison et à la nécessité de prendre le temps de se connecter à l'Esprit. Elle peut être considérée comme l'indication d'un éveil spirituel qui se traduira par une progression et une attitude plus douces en général. Cette carte est très philosophique et son message est doux mais ferme : elle vous dit de vous regrouper et de repenser vos actions et vos habitudes avant que l'équilibre ne soit perdu.

La Tempérance et le Hiérophante offrent tous deux le calme face au chaos potentiel et soutiennent fermement les significations du chiffre 5, mais sous des angles différents.

À titre personnel, au cours de mes voyages numériques, j'ai remarqué que certaines combinaisons de nombres partagent certaines qualités et que, par conséquent, ces qualités sont amplifiées. Les nombres 5 et 3 sont deux de ces nombres.

Si vous rencontrez quelqu'un qui possède ces énergies dans l'ensemble de ses noms ou dans diverses positions dans le thème, vous constaterez probablement que vous ne verrez que rarement ces personnes et que, lorsque vous les verrez, ce ne sera que pour une courte période et vous n'aurez aucune garantie d'une prochaine rencontre. L'énergie combinée du 3, toujours actif et quelque peu insouciant, et du 5, qui recherche les sensations fortes et l'indépendance, peut donner lieu à des rencontres peu fiables (par exemple, le 6, qui aime les tâches ménagères, peut ne pas trouver son bonheur auprès d'un 5/3). Cependant, si vous cherchez quelqu'un pour partager avec vous vos ascensions gratuites en montagne ou la course des taureaux en Espagne, le 5/3 sera un excellent choix de compagnon. Assurez-vous simplement d'avoir tout ce dont vous avez besoin (et je dis bien tout).

de survivre par leurs propres moyens si nécessaire. Sans que ce soit leur faute, les 5/3 ne font pas partie des énergies les plus fiables que l'on connaisse. Excitant, oui. Ennuyeux, non. Engagé... Eh bien, peut-être arriver à l'aéroport à l'heure.

Valeurs multiples 5

Un excès de Multi 5 produit une énergie confuse pour tous ceux qui ne peuvent pas s'identifier à un désir intense de liberté, qui se reflète dans tous les domaines de la vie. Les Multi 5 sont connus pour changer d'emploi ou de carrière, de relations (et de partenaires sexuels), de lieux et d'intérêts. Ce sont des esprits libres qui détestent les situations et circonstances normales, routinières et prévisibles. Comme le 5 est également gouverné par les sens et tout ce qui peut altérer la réalité, ils ont un risque accru d'être impliqués dans la consommation de drogues ou d'alcool ou toute autre méthode alternative de surcharge sensorielle. L'attrait principal de cette vibration est l'obtention de la liberté par tous les moyens possibles.

De toute évidence, le 5 bruyant n'est pas le meilleur choix pour un partenaire romantique ; si, en revanche, vous recherchez une présence solide et fiable, le 5 peut être présent dans le corps, mais distant dans l'esprit. Le 4 serait peut-être un meilleur choix.

Un graphique avec 5 valeurs

Une personnalité qui n'a pas 5 valeurs dans sa lecture peut trouver sa vie et ses composantes plutôt limitées, voire ennuyeuses. Peu de changements et peu de stimuli peuvent créer une insatisfaction sous-jacente quant à la qualité de la vie. D'un autre côté, l'absence de cinq valeurs peut être perçue comme une existence relativement calme et paisible, mais qui manque d'aventure et d'expression sensuelle - cela dépend vraiment de la personne concernée. Pour ceux qui préfèrent la tranquillité, les vibrations no 5 seront perçues comme une véritable bénédiction.

Significations traditionnelles

Un 5 moyen peut être décrit comme charmant, sensuel, adaptable, social, aimant s'amuser, compatissant, curieux, très artistique, aventureux, à la recherche de sensations fortes, en constante évolution, séduisant, charmant, sexy et dramatique. Ils peuvent également être décrits de manière négative comme étant irresponsables, peu fiables, inconsidérés, inconstants, trompeurs, déloyaux, infidèles, égocentriques, agités, dépendants, non engagés et frustrés.

Les mots arrivent en 5ème position

Certains mots qui conceptualisent et totalisent les 5 énergies et désignent le corps, ses capacités et sa liberté ultime sont naissance, guérison, santé, corps, évolution, excitation, folie, sexy, séduction, fin, conclusion, cercueil, prêtre et Dieu.

Chemin de vie pour le numéro 5

Ce chemin de vie consiste à "s'attendre à l'inattendu". L'énergie du chiffre 5 se nourrit principalement de liberté et sa vie peut donc refléter un changement constant : des personnes, des lieux et des choses entrent et sortent de sa vie en permanence. Comme c'est aussi, heureusement, l'un des nombres les plus adaptables de l'échelle, il est capable de passer d'une situation à l'autre avec une relative facilité (bien qu'il n'aime pas les environnements fermés ou contrôlés). La personnalité 5 est généralement très attirante pour les autres en raison de ses circonstances changeantes, de ses relations, de son charme et de ses compétences en matière de communication. Le 5 se prête le mieux au travail autonome et ses talents se situent dans le domaine de la créativité et de toute forme artistique.

Cependant, en raison de ses tendances anticonformistes, cette vibration peut connaître des hauts et des bas financiers de temps à autre, mais ceux-ci s'aplanissent une fois que le talent est trouvé et que le temps est consacré à le perfectionner.

Défi pour le numéro 5

Le défi du 5 est d'honorer son esprit libre en évitant les tentations de substances stimulantes telles que l'alcool et les drogues, ou tout ce qui nourrit les sens. Le 5 est centré sur lui-même et, par conséquent, il peut avoir à apprendre à considérer les cicatrices émotionnelles laissées par ceux qui sont abandonnés par inadvertance en raison de sa nature éphémère. Leur défi est également de s'enraciner et d'apprendre à s'engager, que ce soit dans une relation ou dans un but. Les cinq peuvent réussir au-delà de leurs espérances s'ils se concentrent sur une chose et s'y tiennent.

Numéro six (6) : Amour domestique

Supposons que l'adolescent de notre homme seul et de notre femme seule ait passé quelques mois à disparaître de chez lui au milieu de la nuit, traîne avec des amis peu recommandables, fait la fête jusqu'au lever du soleil, se dispute avec tout le monde , tout le monde, tout, porte des vêtements étranges et arbore des cheveux verts. tout , portant des vêtements étranges et des cheveux verts. Supposons que cet adolescent soit également tombé amoureux et qu'il ait trouvé un amour non partagé.

Que pensez-vous que ce pauvre jeune homme au cœur brisé va faire ? Où voudra-t-il être ? Celui qui souffre voudra rentrer chez lui.

Et c'est précisément le sens du 6 : revenir au bercail, voler vers le nid, chercher un port dans la tempête ; c'est la vibration de la chaleur et de la sécurité, et surtout de la sûreté.

L'élément le plus attirant pour notre adolescent en mal d'amour et surstimulé est le réconfort offert par les bras familiers de la famille, en particulier de la mère, raison pour laquelle je ressens ce chiffre comme plus féminin que masculin. En général, cette vibration n'est pleinement appréciée qu'après que diverses aventures extérieures aient conduit au repli sur soi. C'est là que notre adolescent sait que l'acceptation n'est pas un problème, pas plus que la confiance, ou plutôt le manque de confiance. Le 6 accueille et encourage les différents désirs, l'audace, les personnalités et les rêves des membres de sa famille, tout en offrant un endroit calme et constant pour s'ancrer et se centrer après une perte, un échec ou un traumatisme.

L'énergie 6 est liée à l'amour, car elle est gouvernée par Vénus et représente la figure de l'éducateur ou du parent, qui est souvent considéré comme un pilier solide et fiable de la communauté. C'est l'énergie des soins, de la domesticité et de la gentillesse. C'est le véritable domaine du 6 : c'est le port protégé dans lequel on peut se retirer, c'est l'endroit sûr où l'on peut se cacher. Dans le 6 dédié se trouve la femme au foyer, le protecteur, l'éducateur et le gardien de la paix, dont l'intérêt principal est d'offrir un foyer sûr et équilibré, basé sur l'amour.

Cet amour peut également s'étendre aux belles choses. Le 6 apprécie vraiment les coups de pinceau d'un tableau, les heures de talent consacrées à une sculpture, les lignes élégantes d'une maison ou d'une voiture, et un sous-produit presque naturel de cette appréciation de la beauté favorise un sentiment de fierté à l'égard de son apparence. Les 6 essaieront toujours de se montrer sous leur meilleur jour.

Une personne ayant plusieurs valeurs 6 dans son thème est généralement plutôt affectueuse et aimable, sensible, gentille, humanitaire et compatissante, et a besoin d'une atmosphère calme et sereine, bien que ces inclinations intenses puissent facilement frôler l'interférence et la sur-implication. Le 6 est aussi un artiste, un musicien et un type de personne plutôt conventionnel, et il est le pourvoyeur ou le gardien responsable. Si cette harmonie à plusieurs niveaux est mise en danger par des mensonges, des trahisons ou des tromperies, le 6 peut se transformer en un instant et devenir renfermé, moralisateur et sérieusement passif-agressif. Dans le pire des cas, il s'agit d'une personne collante, peu sûre d'elle, accusatrice, qui se plaint et s'apitoie sur son sort et qui, lorsqu'elle est au sommet de sa forme, peut donner envie de jeter des tacos. Dans ces cas-là, il peut être conseillé de rétablir l'harmonie dès que possible, en toute sincérité bien sûr. En général, cela devrait être assez facile, car le 6 est une personne vraiment gentille qui n'aime pas la discorde et ne réagit négativement que lorsqu'il se sent utilisé, négligé ou menacé. (Comme le 2, qui est une composante du 6).

L'arcane majeur des Amoureux (6) parle de lui-même. Son numéro fait référence à l'amour, au sexe, à la confiance, à la famille et aux foyers heureux. Cependant, cette carte comporte un autre aspect, celui du choix : rentrons-nous chez nous en toute sécurité ou prenons-nous la main de l'aventurier ? Cette image illustre la puissance du langage corporel : la femme, qui se tient à côté de l'arbre de vie (avec le serpent qu'elle touche presque - un symbolisme facilement reconnaissable comme la tentation), tend la main à l'homme, mais il n'est pas réceptif ; ses yeux sont baissés, une main est ramenée derrière sa cuisse tandis que l'autre s'ouvre comme pour dire : "Attendez, je ne suis pas tout à fait sûre". Bien qu'ils soient tous deux nus, ils ne se touchent pas, ne se rejoignent pas et ne semblent pas pouvoir le faire. Cependant, nous ne savons pas ; la décision n'a pas encore été prise. Ainsi, si cette carte fait référence à des actions intimes et même à des procréations fructueuses, elle peut également indiquer des relations illicites et des relations émotionnellement préjudiciables ou destructrices, intimes ou autres (bien que le choix comporte souvent un élément d'amour dans sa structure). Le choix appartient aux participants et se résume à rester dans la zone de sécurité ou à prendre la main offerte.

D'autre part, nous avons l'arcane majeur du Diable (15). Il s'agit de l'actualité, de la matérialisation de la tentation que j'ai mentionnée précédemment, et dépeint le côté négatif du 6, qui ne se trouve pas dans un diable réel, mais plutôt dans le corps, l'esprit et l'âme de l'homme. C'est la carte des désirs ou des forces négatives (1), qui se manifestent sous forme de pensées, d'habitudes, de décisions et d'actions, comme le fait de céder à l'attrait de la drogue, de l'alcool, des relations extraconjugales et de tout autre type de stimulus sensoriel (5), et les changements qui en résultent, qui peuvent aller de la rupture de la confiance à la dévastation des relations, des foyers, des mariages et des vies. Ce 15/6 évoque la perte potentielle de la sécurité, de la tranquillité et de la protection domestiques. Le fait que cette carte et son message concernent également les choix.

-Regardez les chaînes qui entourent le cou de ces deux personnages. Dans d'autres illustrations, ces chaînes sont représentées comme pouvant être facilement enlevées (ce jeu représente la paire comme étant plus attachée que d'autres, mais leurs chaînes sont encore relativement faciles à enlever).

), ce qui suggère qu'avec un peu de travail, l'un d'eux ou les deux pourraient s'échapper s'ils le voulaient vraiment. Ce n'est pas le diable qui les maintient liés : ils le font eux-mêmes. Les alternatives sont doubles : rester confinés et enchaînés et en subir les conséquences, ou briser l'habitude (la chaîne) en utilisant tous les moyens nécessaires pour retourner dans un lieu sûr et sécurisé. Comme il est souvent question de relations et d'amour, il est très probable que tout préjudice causé se concentrera finalement sur quelque chose d'aimé (une drogue, un travail ou même un passe-temps - presque tout peut entrer dans cette catégorie) plutôt que sur quelqu'un d'aimé (un amant, une épouse, un frère ou une sœur, ou n'importe qui d'autre). C'est là que réside le défi et le choix.

Ainsi, bien que le 6 soit une essence aimante et nourricière, il porte en lui, comme toutes les autres essences numériques, un côté sombre. Les Amoureux et le Diable le symbolisent très bien.

Multi valeurs 6

Le 6 répétitif peut être intéressant : c'est une personne qui vous donnerait littéralement un rein ou une personne qui vous fera regretter de l'avoir acceptée. Le multi 6 déborde de bonne volonté et de bonnes intentions, mais cette surcharge d'amour peut facilement se transformer en une personnalité trop sensible, lunatique et coupable.

Le multi 6 peut aussi se manifester comme une personne qui ressent le besoin de contrôler la famille et toutes ses relations internes et externes (surtout si le 8 apparaît également). Ce 6 peut imposer sa volonté et ses attentes aux autres sans tenir compte de ce qui pourrait être le mieux pour ceux qui font partie de la structure familiale. Il en résulte une personne qui a à cœur les intérêts réels de la famille et de la communauté, mais qui considère ses propres idées comme valables uniquement parce qu'elles sont censées être fondées sur l'amour de toutes les personnes concernées. Il est compréhensible que cela entraîne des malentendus et crée même une distance entre les membres de la famille.

Dans une situation domestique, le multi 6 peut indiquer une personne qui se préoccupe excessivement de la famille et de son fonctionnement, au point d'interférer et même d'être obsessionnelle. Les aspects les plus négatifs du multi 6 se manifestent par la perte des intérêts individuels et des liens avec le monde extérieur : généralement, le monde se réduit à celui de la maison et de ses membres, et toutes les personnes impliquées peuvent se sentir émotionnellement étouffées.

Un graphique avec 6 valeurs

Une personnalité qui n'a pas de valeurs 6 dans sa carte est rarement trop concernée par les clôtures blanches et l'unité familiale

traditionnelle. Il ne s'agit pas d'une énergie qui souhaite s'attacher au sens domestique, bien qu'il puisse y avoir de fortes preuves de liens communautaires et d'implication. Le type opposé d'énergie 6 manquante a souvent une sorte de blocage par rapport à l'unité familiale traditionnelle, remontant généralement à l'enfance. Cela peut entraîner un manque d'intérêt pour les questions domestiques ou les collaborations. D'un autre côté, il se peut aussi que le fait d'appartenir à une famille ou même d'en avoir une ne fasse pas partie des objectifs et des leçons que l'individu a l'intention de suivre au cours de cette période. Les autres chiffres et lettres de la carte apporteront des précisions à ce sujet.

Significations traditionnelles

Un 6 positif peut être décrit comme aimant, gentil, doux, romantique, empathique, compatissant, indulgent, orienté vers le foyer et la communauté, loyal et attentionné. À l'inverse, un 6 perturbé peut devenir lunatique, fermé, passif-agressif, manipulateur, réservé, étouffant, nécessiteux et coléreux.

Mots dont la somme est égale à 6

Les mots suivants ont un total de 6 énergies et reflètent l'essence du foyer, de la famille et de la communauté : vivre, maison, garage, canapé, dormir, mère, fils, filles, enfant, pleurer, compassion, loyal, été, artiste, société et église.

Le parcours de vie du numéro 6

Le chemin de vie du 6 consiste à s'occuper de la famille, des amis et de la communauté. En tant que tel, sa signification principale est l'amour - d'une personne ou d'un groupe, d'une maison ou d'une région, d'une idée ou d'un idéal. Le 6 est loyal et honnête et est attiré par les belles choses, ce qui signifie qu'il apprécie les luxes de la vie mais n'est pas obsédé par leur possession. Cependant, il est généralement conscient de son apparence et se présente sous son meilleur jour. Propre et charmant, le 6 est généralement une personne calme et gentille, respectée dans son cercle social et très aimée à la maison.

Un autre niveau du chemin de vie 6 consiste à éliminer les obstacles qui empêchent d'atteindre la félicité domestique. Parfois, la leçon pour le chemin de vie 6, comme pour tous les autres, peut impliquer de

devenir l'essence du nombre, ou de travailler à ouvrir un chemin vers lui.

Défi pour le numéro 6

Le défi du nombre 6 est d'étendre son univers du foyer à la communauté. L'énergie de ce nombre est celle de l'amour universel et le défi concerne la famille de l'homme plutôt que la famille d'un seul homme. Le travail du 6 doit refléter ce lien. Le 6 est également averti de ne pas laisser son sens de l'identité se confondre avec celui de sa famille ou de son travail. Il doit être personnellement conscient de son pouvoir et de son individualité et s'efforcer de ne pas disparaître dans une unité, familiale ou autre.

Numéro sept (7) : Le cerveau-logique contre l'esprit

De retour dans notre famille d'hommes solitaires quelques années plus tard, nous constatons que notre adolescent est devenu un jeune adulte un peu plus âgé et, espérons-le, plus sage. L'expérimentation libre de la phase 5 et le regroupement de la phase 6 ont laissé le temps de réfléchir et même de planifier : le numéro 7 parle de la puissance du cerveau. Lorsque notre adolescent passe à l'âge adulte, les schémas de pensée de l'enfance sont remplacés par des schémas plus matures. C'est la période où notre jeune commencera à formuler des idées et à utiliser le pouvoir de l'intellect et de l'intuition pour guider les décisions et définir les orientations futures.

Si vous retrouvez ce chiffre dans un ou deux points clés, sachez que vous êtes gouverné par votre cerveau : l'énigmatique 7 concerne principalement l'utilisation de nos processus de pensée pour réaliser la vraie sagesse (ou les pensées parfaites), qui traditionnellement ne peut être réalisée que d'une seule manière, à savoir par des expériences de vie directes et variées qui font l'objet d'une réflexion profonde, intellectuelle, objective et, en fin de compte, spirituelle. L'essence de ce nombre est également très intrigante : c'est le nombre protégé de l'occulte (ce qui est invisible et doit être étudié pour être compris) et il détient un pouvoir potentiel incroyable, mais seulement si son pouvoir est reconnu, honoré, respecté et utilisé avec gratitude. Le chiffre 7 régit la conscience et se compose de deux écoles de pensée distinctes et séparées : la logique pratique du scientifique dans un laboratoire et l'aura abstraite du métaphysicien dans une forêt. L'idée est de dépasser les paramètres de la logique pour embrasser ce qui peut sembler, à première vue, plutôt illogique ou obscur (et inclut tout ce qui dépasse les paramètres de la normalité, comme la numérologie, par exemple), mais qui fait en réalité partie des vérités globales sur lesquelles se fonde la sagesse ; pour cette raison, je pense que ce nombre est à la fois féminin et masculin : sa logique semble masculine, tandis que son mysticisme est féminin.

Le silence peut jouer un rôle important dans la vie du 7, car les pensées sont essentiellement des vibrations intérieures et impliquent beaucoup de réflexion, de réminiscence et de rumination à l'ancienne. Les faits de l'existence quotidienne font partie de ce processus, mais il en va de même pour la contemplation de ce qui se trouve au-delà des paramètres de l'existence quotidienne : certains 7 se pencheront sur cette question, tandis que d'autres ne le feront pas. C'est là que réside le défi pour le 7 distinct : penser ou ne pas penser au monde de l'esprit et à ce qui pourrait exister à côté de nous ou nous attendre au-delà de cette réalité physique. Cependant, bien que la plupart des 7 soient d'un type ou d'un autre, le 7 cérébral, intellectuel et logique est le plus commun, et restera souvent non éclairé à moins qu'un événement ou une personne très influente ne provoque une métamorphose ou une épiphanie (ou qu'il soit né sous l'un des signes du zodiaque de l'eau, en particulier le Cancer et les Poissons, ce qui le rendrait naturellement ouvert à l'exploration métaphysique), et en tant que tel, marchera sur cette Terre à la recherche de la perfection (logique) en lui-même et dans les autres. Cette énergie peut également éprouver de grandes difficultés à se dissocier du passé, à se libérer d'expériences ou de souvenirs antérieurs.

La personnalité du 7 est une personnalité qui s'efforce, recherche et vit la perfection logique. Ce sont des étudiants travailleurs, d'excellents éducateurs, des scientifiques passionnés, des programmeurs informatiques talentueux, des infirmières ou des médecins respectés, des avocats exceptionnels, et ils excellent généralement dans toute position d'autorité, de responsabilité et de confiance. Ils se présentent comme des personnes maîtrisant la situation, confiantes et à l'aise.

La réalité sous-jacente à l'acte est que le 7 analyse, dissèque, juge, réorganise et ajuste en permanence, car son cerveau est en mouvement constant et, comme un ordinateur, il est orienté scientifiquement et judicieusement. Il justifie ses actions par la conviction qu'il essaie vraiment de faire ce qui est le plus logique, le meilleur et le plus correct pour toutes les personnes concernées dans chaque situation. Cependant, malgré ce désir sincère d'aider, les émotions sont souvent gardées sous contrôle, ce qui limite les démonstrations d'affection. Les énergies logiques 7 ne sont ni trop tactiles ni trop émotionnelles.

Le 7 qui vit principalement dans sa tête peut marcher sur une ligne fine et stressante entre le maintien de sa dignité et de sa réserve, en essayant d'ignorer un sentiment de déséquilibre émotionnel qui découle de ses tendances solitaires et perfectionnistes. Cela peut conduire à ce que j'appelle un blocage du cœur, un mal-être profond et silencieux qui peut devenir toxique avec le temps et conduire à toutes sortes d'affections physiques, dont certaines très graves. Le nombre 7 non développé peut devenir las du monde, fatigué, désillusionné et, s'il n'a pas réussi à établir des amitiés ou des relations personnelles, il peut se retrouver seul dans sa maison et sa vie impécunieuses. Les personnes âgées de plus de 7 ans, en particulier, peuvent se rendre compte qu'avec le temps, elles ont construit un mur qui bloque efficacement les entrées et les sorties. Aussi difficile que cela puisse être à comprendre, de nombreux 7 se sentent en sécurité dans cette prison qu'ils se sont imposée. Pour eux, elle représente la protection et l'ordre, et comme chaque personne a son propre chemin à suivre, c'est souvent exactement ce que le 7 réservé est censé faire et aucune quantité de conseils ou de persuasion ne peut (ou ne devrait) faire en sorte qu'il en soit autrement. (En effet, il est déconseillé d'interférer dans le chemin de vie ou les leçons assignées à quelqu'un d'autre. C'est nous tous qui créons les situations pour la manifestation des circonstances nécessaires pour nous enseigner les choses que nous sommes ici pour apprendre).

La résistance de ce type de 7 est vraiment remarquable : il s'appuie sur des faits et des preuves tangibles pour évaluer les actions futures et peut devenir une force avec laquelle il faut compter, mais il n'atteindra son véritable potentiel que lorsque l'esprit s'ouvrira suffisamment pour laisser entrer des données spirituelles et métaphysiques. La magie du 7 et le triste résultat d'ignorer ou d'abuser de ses dons ont le même pouvoir. Quiconque se trouve sous l'influence de cette vibration, accepte ses propriétés magiques et s'y développe, fera l'expérience d'événements et de révélations magiques. Ceux qui choisissent d'ignorer et d'assujettir ce processus naturel éprouveront probablement un sentiment d'insatisfaction, ou d'avoir manqué quelque chose, et ce sentiment peut parfois être très intense.

En d'autres termes, la leçon ou le défi inhérent à cette énergie est d'appliquer sa puissance cérébrale considérable, son traitement des données et sa perspicacité analytique à l'étude de ce qui n'est pas scientifique. C'est un défi que de nombreux porteurs du nom 7 trouveront difficile à relever, alors qu'il est aussi facile que de prendre un livre à orientation spirituelle et de s'ouvrir à son contenu.

Par conséquent, il existe deux types de 7 en circulation. Le premier type semble très proche, mais aussi distant. Un examen plus approfondi peut révéler un niveau d'attente qui peut sembler critique et même jugeant, mais il y a une amabilité ouverte et souvent beaucoup d'avenues et de connexions sociales. Cette énergie sera difficile à approcher sur le plan personnel, mais il s'agira d'un travailleur exceptionnel, très responsable, social, intelligent et éloquent, qui semblera avoir le contrôle de lui-même et de ses situations. Ce type de 7 est difficile à gérer ; il ne s'ouvre pas souvent sur le plan émotionnel.

Le deuxième type sera l'antithèse du premier et peut même apparaître très différent.

étrange à la première rencontre. Ce 7 peut sembler excentrique, différent ou "pas tout à fait là". Cette énergie est ouverte à d'autres dimensions, intérêts, modes de vie, systèmes de croyance et aux nombreuses formes d'expression artistique, mais elle partage l'intellect du 7 rationnel. Un 7 ouvert peut être impliqué dans des quêtes métaphysiques, de guérison et autres quêtes spirituelles et de santé, ou

dans des formes d'expression dramatiques ou artistiques, ce qui peut rendre sa personnalité fascinante et attrayante.

Ce nombre énergétique a des liens et des connotations mystiques et occultes. Son pouvoir métaphysique est bien connu, même de ceux qui ne savent pas qu'ils y croient : combien de fois avez-vous vu des gens assis devant les bandits manchots qui peuplent les casinos, priant pour que ces précieux 7 tombent sur la ligne de paiement, l'un après l'autre ? Lorsque la cloche siffle, que les lumières clignotent et que le gagnant s'en va, il se sent touché par la chance, même si son gain n'est que de quelques centimes.

Le 7 est une énergie étrange. Elle peut accomplir des miracles ou des catastrophes. Son côté sombre peut apporter des événements effrayants, bizarres, carrément étranges et dérangeants. Il possède une puissance particulière, qui peut osciller dans les deux sens en fonction des énergies qui l'influencent. Son côté négatif ou peu développé a également une propension à être lié à des événements malheureux. Par exemple, Norma Jean Baker était un 7 et, bien qu'elle ait changé de nom (Marilyn Monroe, qui correspond au maître nombre 11 et peut avoir un résultat très positif ou très négatif), elle n'a pas échappé au côté négatif du 7 capricieux, pas plus que John Belushi ou Cléopâtre. Parmi les énergies 7 extrêmement négatives, on trouve Adolf Hitler, Theodore Robert Bundy, David Berkowitz et Gary Ridgway.

Abraham Lincoln et Christophe Colomb sont de bons exemples de l'énergie positive et de ce qu'elle peut créer ou réaliser.

Nous avons tous entendu l'expression "de la bouche des enfants" et réalisé les vérités souvent inconfortables que dit un enfant innocent. Certains ont peut-être aussi entendu la notion selon laquelle toutes les informations recueillies et les expériences vécues par un enfant jusqu'à l'âge de 7 ans déterminent l'adulte qu'il ou elle deviendra. Un petit enfant est un canal clair et ouvert qui rayonne et reçoit la vérité pure, la perspicacité et la sagesse et n'a pas encore appris ce qu'est le doute, la trahison ou la peur ; il fait confiance et croit tout et tout le monde. Dans les yeux d'un enfant, nous pouvons voir la beauté de la sagesse pure et de la compréhension sereine. (En fait, le mot "enfant" est un nombre 16/7).

L'enfant que je viens de décrire est l'exemple parfait d'un 7 développé : une ouverture propre, sans nuage, qui a soif de connaissances et les reçoit avec autant d'enthousiasme. Nous avons tous vu de tels enfants (Mattie Stepanek, jeune poète et artisane de la paix, née le 17e jour du 7e mois et dont l'énergie familiale était le 7) et comprenons leur rareté. Il est encore plus rare de trouver un canal aussi ouvert chez un adulte.

Les sages honoreraient et étudieraient l'autre côté de la réalité. Elle est mystérieuse, électrique et puissante, et ne sera jamais vraiment comprise par l'homme, mais elle peut être acceptée et respectée logiquement par n'importe qui, et une fois que quelque chose est vraiment compris, ses dons entrent en jeu et le côté intuitif et spirituel du 7 logique s'éveille.

Le chiffre 7 contient les graines du positif absolu et du négatif absolu, tout comme un enfant peut devenir l'un ou l'autre. Pour le 7, la clé est d'essayer de voir le monde avec les yeux de l'innocence, sans peur, sans doute et sans ridicule.

Voici quelques dictons ou faits intéressants à ce sujet. Nous connaissons tous l'idée que Dieu a créé le monde et s'est reposé le 7e jour. Nous nous émerveillons des 7 couleurs de l'arc-en-ciel, nous nous efforçons d'équilibrer les 7 chakras de notre corps, nous attendons avec impatience certains des 7 jours de la semaine et nous aimons essayer de nous exprimer avec les 7 notes de la gamme du piano. Nous traversons les 7 mers et cherchons dans le ciel l'insaisissable 7e ciel, mais nous sommes plus susceptibles de ressentir la démangeaison des 7 ans lorsque nous dressons la liste des 7 péchés capitaux et comptons combien des 7 vertus nous pouvons encore avoir. Ou pas. Puis nous brisons un miroir et spéculons un instant sur les 7 années de malchance souvent associées à un tel événement. En parlant de chance (bonne ou mauvaise), ceux qui connaissent la magie des nœuds savent que 7 nœuds sont utilisés pour enchanter et que les sorts sont souvent répétés 7 fois. Je suppose que la perfection cachée de cette vibration est plus clairement définie dans l'intention de l'alchimiste d'obtenir de l'or pur, un objectif impliquant 7 métaux. Il suffit de dire que cette énergie est un grand mystère qui recèle des merveilles, des révélations, des énigmes, des épreuves et des récompenses, comme le prouve le fait que presque toutes les cultures le considèrent comme le nombre de la perfection et des connexions avec des niveaux supérieurs de perception et de conscience. Le 7 est la somme de tout ce qui existe : les 3 du ciel (la Sainte Trinité) et les 4 de la terre.

Si vous avez une ou deux de ces énergies numériques dans votre carte, faites-vous une grande faveur (si vous ne l'avez pas déjà fait) et commencez à reconnaître votre troisième œil et à y prêter attention. Il y a un autre monde juste devant vous, que vous avez peut-être vu mais pas enregistré. Si ce concept vous semble plutôt étrange, considérez que la meilleure façon de cacher quelque chose est de le faire à la vue de tous. Une fois mis en évidence, cependant, il est impossible de "ne pas voir" et une toute nouvelle dimension s'ouvre à vous.

Si vous ne savez pas par où commencer, rendez-vous à la bibliothèque municipale, dans une boutique métaphysique ou chez un lecteur intuitif. Dans ces deux derniers cas, fiez-vous à votre intuition pour vous guider vers le bon endroit ou la bonne personne. (Bien que l'on ne puisse pas nécessairement relier immédiatement l'arcane majeur du Chariot (7) à une pensée logique, la carte est représentée avec précision. Si l'on observe attentivement les sphinx (l'un noir et l'autre blanc, pour refléter les forces positives et négatives) qui guideront le Chariot, il est clair qu'au lieu de pointer vers l'extérieur, ils pointent légèrement vers l'extérieur, ce qui signifie que tout mouvement vers l'avant aboutira à une impasse : aucune des deux créatures ne bougera. L'échec de l'intention est dû à une réflexion incomplète : le chemin et le véhicule n'ont pas été préparés, ce qui signifie que le cerveau n'a pas été pleinement sollicité. Toute action doit être soutenue par une planification rationnelle (surtout lorsqu'il s'agit d'un véhicule). Ce message nous demande donc de réfléchir, d'utiliser notre cerveau, littéralement.

Un autre aspect du char est qu'il était utilisé dans les anciennes situations de combat.

-Et une grande partie de la victoire consiste à deviner le prochain mouvement de l'ennemi et à planifier un contre-mouvement. Ainsi, le Chariot indique que l'utilisation combinée de l'intuition et de l'intellect (les deux côtés du 7) est la méthode la plus efficace pour atteindre le succès. C'est pourquoi le Chariot fait une demande spécifique : mettez votre cerveau en mouvement.

L'arcane majeur de la Tour (16) peut paraître quelque peu intimidant, car il représente une tour qui explose, des flammes, des corps qui tombent et des éclairs de lumière. Il n'est pas surprenant qu'il indique que tout n'est pas ce qu'il semble être et que des bouleversements et des troubles se produisent ou sont imminents. Comme le nombre secondaire 16 indique le pouvoir de l'amour, il reflète généralement la famille, les liens étroits et les relations intimes qui "explosent" essentiellement.

Quel est le lien avec le chiffre 7 dans le cerveau ? Les circonstances extérieures sont le résultat de pensées intérieures ; la présence de pensées fausses ou erronées a réussi (jusqu'à présent) à masquer la vérité de la situation. Ces schémas de pensée impliquent de se mentir à soi-même, d'expliquer ce qui ne va pas, de se châtier pour avoir douté, de parler à l'intuition et, de manière générale, d'éviter la réalité (et les contrôles de la réalité). La vérité a été submergée et ignorée pendant si longtemps que des révélations soudaines peuvent provoquer des explosions qui changent la vie et la destruction de ce que nous avions auparavant "vécu avec". Cependant, il y a toujours une lueur d'espoir (même dans le négatif) et, dans ce cas, la Tour permet aux énergies toxiques de brûler et d'exploser.

laissant dans son sillage un sentiment de paix calme, voire exsangue. A partir de là, une nouvelle

la vie peut être construite. Ainsi, même si cette carte semble n'avoir rien à voir avec le cerveau et tout à voir avec la dévastation des relations, des choses, des personnes et même des lieux que nous pensions aimer, la réalité de ce message est que "votre cerveau savait tout cela et a essayé de vous le dire, mais vous n'avez pas voulu l'écouter".

Les deux cartes témoignent du pouvoir du cerveau et de ses pensées, et des répercussions positives ou négatives qu'elles peuvent avoir.

Multi 7 valeurs

Dans le cas de plusieurs 7 dans une carte, tout affront, réel ou imaginaire, forcera cette personnalité numérique à se retirer pour tenter de se protéger. Bien que très intelligent, le multi 7 peut devenir si protecteur et inaccessible qu'il devient impossible d'établir ou de maintenir des relations étroites ou ouvertes, et que les relations existantes peuvent devenir extrêmement inconfortables. C'est pour cette raison désagréable que de nombreux 7 "réglés" se retrouvent seuls à long terme (mais il n'est jamais trop tard, comme le dit le proverbe, pour apprendre quelque chose de nouveau). Leurs émotions sont souvent enfouies sous une telle quantité de logique et de couches protectrices que tout sentiment incontrôlé peut provoquer une confusion intense, de la colère et une attitude défensive, ce qui est une bonne raison de se tenir à l'écart de ce type de vibration.

De nombreuses valeurs 7 peuvent également être lues comme une incitation active à ouvrir suffisamment l'esprit pour évaluer les mérites d'arguments alternatifs. Un esprit brillant est un esprit véritablement ouvert à tous.

Un graphique avec 7 valeurs

Une personne qui ne présente pas de 7 à la lecture de son nom n'accorde généralement pas une grande importance à la logique scientifique ; en fait, l'absence de cette énergie peut être considérée comme une chose positive, car cette énergie numérique peut parfois être assez restrictive en termes de développement spirituel. Le combat, en effet, consiste avant tout à ouvrir suffisamment la psyché pour laisser entrer d'autres pensées plus "extérieures".

L'absence d'énergie du chiffre 7 indique des processus de pensée normaux et une conscience qui accepte le monde de la métaphysique et de la spiritualité, sans toutefois s'y intéresser outre mesure.

Significations traditionnelles

Parmi les descripteurs positifs du 7, on peut citer : intelligent, digne, efficace, fiable, calme, studieux, discriminant, résilient, bavard et capable. Les aspects négatifs, en revanche, sont les suivants : distant, distant, critique, critique, manipulateur, argumentateur, orgueilleux, colérique et même violent.

Mots dont l'addition donne le chiffre 7

Voici quelques mots intéressants qui totalisent 7 et illustrent à la fois les éléments du mystère ésotérique et l'art pratique de l'éducation : intuition, mystique, enfant, rêves, fantômes, planche Ouija, enfer, numérologie, science, scientifique, intelligence, superviseur, enseignant et érudit.

Chemin de vie pour le numéro 7

L'essence du chemin de vie numéro 7 peut être difficile. Tout comme le cerveau a deux moitiés, ce chemin de vie a aussi deux moitiés. Le but est d'unir ces deux moitiés en une unité qui fonctionne bien. Le 7 logique et pragmatique peut trouver sa vie limitée à bien des égards ; il aura tendance à être quelque peu réticent de nature, bien qu'il puisse y avoir un intérêt déguisé pour l'autre moitié de l'existence qui n'est souvent pas poursuivi. Cela va de pair avec le maintien d'une façade digne, réservée, logique et pragmatique : il est rare que les autres comprennent vraiment le comment et le pourquoi des pensées ou des émotions de cette personne. L'autre chemin de vie du 7 implique une recherche active de l'invisible, du mystérieux et du non conventionnel, et prend souvent la forme d'une personne que les autres peuvent considérer comme légèrement excentrique ou différente. Pour les deux types de 7, l'objectif est le même : le 7 logique doit embrasser la moitié métaphysique, tandis que le 7 métaphysique doit embrasser la moitié logique. Le but de ce nombre est de rechercher la connaissance et la vérité derrière tout ; il ne peut donc y avoir d'exceptions. Le tableau d'ensemble contient tous les aspects (visibles ou invisibles) et la véritable compréhension de qui ou de ce qui forme ce tableau d'ensemble ne peut être atteinte que lorsque les deux moitiés ont fusionné ; ce n'est qu'à ce moment-là que la "perfection" de la pensée se manifeste.

Défi pour le numéro 7

Bien que le 7 typique soit profondément réfléchi et contemplatif, il lui manque souvent l'ouverture d'esprit qui lui permettrait d'avoir une intimité émotionnelle et physique avec les autres. C'est la leçon clé : être suffisamment ouvert pour permettre aux autres d'entrer dans leur espace émotionnel et leur montrer une affection sincère, à la fois en actes et en paroles. Le 7 doit s'effacer et prendre le risque d'être

vulnérable : un défi qui, pour certains, sera presque impossible à relever.

Le chiffre huit (8) : Équilibre : matière et esprit

Nous sommes maintenant plus avancés sur le chemin de la famille de l'Homme Solitaire : sur la base de la phase de réflexion intensive du 7, des informations, des leçons et des conclusions ont été accumulées et une croissance s'est produite. Les expériences de vie ont complété leurs mondes individuels et collectifs, et l'une des prises de conscience en cours de route devient commune à toute la famille. Cette prise de conscience concerne les limites de notre réalité, car au-delà se trouvent l'inconnu, l'invisible et la mort elle-même. La contemplation de ces mystères et d'autres encore conduit à une nouvelle compréhension, parfois confuse, mais ils voient maintenant que le

Le monde matériel sur lequel ils avaient fondé toute leur existence n'est qu'une partie de la vérité. Ils réalisent qu'il y a beaucoup plus dans ce monde que ce que l'œil peut voir et, en conséquence, leur environnement physique prend une lumière nouvelle et unique. Le monde matériel et la place qu'ils y occupent ont désormais la même importance que le monde spirituel et la place qu'ils y occupent. Ce qu'ils ne peuvent pas voir ou toucher devient tout aussi réel pour eux que ce qu'ils peuvent voir et toucher. L'un est devenu aussi réel que l'autre. Ils sont maintenant prêts à atteindre l'équilibre existentiel parfait, qui est la forme finale que prendra un être développé.

Celui qui porte l'Energie 8 dispose d'un pouvoir énorme et incroyable, même s'il peut se matérialiser sous différentes formes. Une personne peut gérer son foyer d'une main sévère et préférer que son environnement et les personnes qui s'y trouvent soient impeccables, sobres et parfaitement présentables à tout moment. Le petit-déjeuner, le déjeuner et le dîner ont lieu tous les jours à la même heure et l'heure du coucher est la même tous les soirs (il ne viendrait à personne l'idée de discuter). La famille est gérée comme une salle de classe ou, dans les cas les plus graves, comme une académie militaire, et il n'y a aucun doute quant à l'identité du responsable.

Un autre 8 peut se manifester en tant que président et propriétaire de sa propre entreprise, qui peut être riche et prospère, mais qui manque de respect et d'affection de la part de ses employés : en fait, ceux-ci peuvent le mépriser activement et faire tout pour l'éviter. Ce type d'homme s'attache à contrôler tous les aspects de sa vie professionnelle et de ses collaborateurs, et ne tolère rien de moins que la perfection et le respect de la part de ceux qui l'entourent. Il n'est pas émotif, n'offre pas d'éloges ou d'augmentations, sourit rarement, ne veut pas entendre les plaintes (même si elles sont valables) et, en général, est un patron casse-pieds. Cet homme manque de compassion et de compréhension pour les autres et sa seule préoccupation est le résultat net : combien d'argent il gagne et comment il peut en gagner davantage.

Les deux personnalités existent et chacune reflète le 8 à sa manière, mais le principal problème de ce type d'énergie est le contrôle, c'est pourquoi j'ai tendance à attribuer des énergies masculines à ce chiffre puissant et dominant, même si dans un monde parfait, chaque chiffre serait les deux à la fois.

Le 8 est composé de deux zéros, ou chiffres, superposés, et représente le lemniscate, ou symbole de l'équilibre parfait (imaginez le 8 à l'envers d'un côté et vous verrez ce symbole), qui fait écho aux élémentaux du yin et du yang, du masculin/féminin et du "comme en haut, comme en bas". Son symbole se retrouve sur plusieurs cartes de tarot, telles que le Magicien, la Force et le Monde. (Je relie souvent la lemniscate au motif décrit dans l'air par la baguette d'un chef d'orchestre lorsqu'il dirige ses musiciens ; ils créent une hauteur parfaite, un tempo parfait et une harmonie parfaite. Si la musique est de nature hypnotique, elle crée également un équilibre parfait dans l'âme ou l'esprit des auditeurs).

Si les deux cercles ont la même taille, cela indique une égalité : le 8 développé a la même intensité de considération pour le plan matériel, terrestre, que pour le plan spirituel, invisible. (Remarque intéressante : si vous regardez dans un vieux livre, le 8 est représenté avec un "O" plus grand en bas et un "o" plus petit en haut. Cela symbolise la tendance de la plupart des énergies du 8 à se concentrer sur le monde matériel : l'argent, le contrôle, le pouvoir, le gain et le succès ici sur cette Terre, comme représenté par le "o" inférieur. L'aspect spirituel de l'existence est moins important : le petit "o" du haut en est le reflet).

Comme le 7, le 8 est rarement pleinement développé. Souvent, l'extraction du matérialisme peut piéger cette vibration en l'amenant à ne s'intéresser qu'à ce qui peut être vu, touché et possédé : la sécurité se présente sous la forme d'argent liquide, de possessions et de positions d'autorité et de respect, ce qui expliquerait pourquoi de nombreux cadres, présidents, avocats, juges et autres figures d'autorité sont porteurs d'énergies 8.

Ces personnes sont généralement rationnelles, débrouillardes, organisées, ambitieuses, non émotionnelles, publiquement non émotionnelles, et ne s'intéressent pas ouvertement au côté spirituel ou métaphysique de la vie. Cela ne veut pas dire que tous les 8 sont athées ou agnostiques ; certains vont régulièrement à l'église ou font des dons à des associations caritatives, mais le 8 non développé manque souvent de véritables émotions humanitaires et porte une façade avec un manteau, un parasol et un chapeau.

La véritable nature du pouvoir 8 est rarement révélée : il est aussi doué que le 7 (non développé) pour se dissimuler. Les leçons du 7 jouent un rôle important : si le cerveau n'a pas été éclairé par l'Esprit, le 8 mourra de faim par manque de nourriture philosophique.

Voici un fait apparemment contradictoire à propos du 8 : sous son camouflage et sa bravade, le 8 est en fait très timide. Il préfère contrôler son environnement et le contenu de sa vie parce qu'il a peur de l'échec ou de la perte de contrôle ; l'une des plus grandes peurs du 8 moyen est de souffrir d'une perte de prestige et de pouvoir. Cela se manifeste par de profonds sentiments d'insécurité. Le cœur du 8 se sent souvent incompris, seul et solitaire et a été historiquement appelé à souffrir de grandes tragédies, de pertes, de douleurs et parfois d'humiliations. La raison en est simple : la vibration 8 doit apprendre à utiliser le pouvoir inhérent à cette énergie au profit de l'humanité, et ce pouvoir doit être utilisé de manière simple, honnête et spirituelle. Ce qui suit vous donne une idée de la raison pour laquelle je qualifie le 8 de très complexe.

Le symbole du chiffre (cercle) contient tout. Dans le cas du 8, deux chiffres sont reliés, ce qui renforce naturellement la puissance de la description qui suit. Le 0, ou zéro, est l'alpha et l'oméga. Sa forme se retrouve dans la double hélice de l'ADN et dans les serpents entrelacés du symbole de la médecine. C'est l'ouroboros, le serpent qui se mange la queue. Il est l'intérieur et l'extérieur. Ses symboles forment les cercles de la fleur de vie. C'est l'in utero et la femme enceinte. C'est le début et la fin : la vie et la mort. C'est les deux extrémités du télescope qui révèle la magie. C'est la forme d'une pièce de monnaie et la série de zéros qui augmentent sa valeur. C'est la rondeur de la lune qui reflète le cercle lumineux et vital du soleil.

Si ce pouvoir multiforme et assurément exaltant est utilisé à des fins personnelles (surtout aux dépens d'autrui), sans l'équilibre de la conscience spirituelle, il y aura un contrecoup karmique non négligeable. Le pouvoir de l'ego est énorme et, comme le dit le vieil adage, plus il est grand, plus il est difficile de tomber. Le 8 peut subir des échecs professionnels et personnels répétés jusqu'à ce qu'il comprenne le message, dont l'essentiel tourne autour de la capacité à ressentir de la compassion pour les autres, une émotion que le 8 ne connaîtra vraiment qu'après avoir vécu des épreuves et des souffrances considérables.

Dans le monde des affaires, il peut être agréable et bon, voire souhaitable, d'avoir une ou deux

Ces énergies puissantes peuvent vous servir d'alliées. Cependant, si vous n'aimez pas le moindre soupçon de matérialisme et de pouvoir chez votre partenaire, vous devriez continuer à chercher. Et comptez sur lui.

Si, par un coup de chance, vous avez attiré dans votre vie (ou même développé) un 8 positif et pleinement développé, vous êtes vraiment une personne bénie. Le vrai 8 est une publicité pour la positivité : spirituellement éveillé et conscient, aimant et équilibré, juste dans toutes ses relations, riche mais humble, généreux à l'extrême (sans rien attendre en retour), sans prétention mais très intelligent, un génie créatif, un amant, un ami, un fils, un frère ou un père dévoué et désintéressé, et une personne que nous aimerions tous avoir en tant que leader politique. Cela dit, est-ce suffisant ?

A titre d'exemple, voici quelques exemples de la puissance contenue dans un prénom 8 : John F. Kennedy, Martin Luther King, Paul Allen (cofondateur de Microsoft) et le président Barack Obama. Barack totalise un 11, ce qui suggère une personnalité imaginative, sensible, intuitive et sympathique, tandis qu'Obama totalise un 15/6, ce qui signifie l'aspect aimant, attentionné et nourricier d'un parent, ou un havre de paix avec des connotations communautaires. Le "O" d'Obama suggère également l'ouverture, un saut potentiel dans le progrès, et lorsque vous combinez le nom entier, il se lit comme un 17/8 : un leader qui est en phase avec les gens qui l'entourent et aussi avec lui-même, mais qui peut aussi lutter contre les pouvoirs obscurs et ses propres directions mentales (7). Rappelons que le 8, tout en étant l'un des nombres les plus puissants en termes de succès et autres, est également susceptible d'une perte totale d'équilibre. La combinaison du 11 et du 6, en revanche, indique un Président qui peut imaginer un monde parfait et aimant, et qui le fait. La question est de savoir s'il sera capable d'atteindre l'équilibre mondial que cela nécessiterait. Il ne fait aucun doute qu'il penche vers le 8 positif, un homme spirituellement et matériellement équilibré ; cependant, le Maître 11 dans les énergies de son nom peut également prédire une certaine qualité onirique de ses visions, qui entre en conflit avec le contrôle et l'autorité du 8.

La puissance de cette énergie numérique est résumée dans la carte de l'Arcane majeur de la Force (8). Ses significations fondamentales sont centrées sur l'autorité et le contrôle ; cependant, la Force parle du courage et de la détermination à reconnaître et à calmer ses bêtes intérieures, gagnant ainsi le contrôle de ses émotions et de ses réactions personnelles. Ainsi, alors que cette image montre une femme qui semble calmer le lion, ce message fait en réalité référence à la maîtrise de soi, que ce soit en atteignant des niveaux élevés d'acceptation de soi, de foi, de paix et de compassion au sein de l'âme, ou en ayant la capacité de calmer les autres en conséquence. C'est pourquoi la jeune femme représentée ici est capable d'approcher sa main de la gueule du lion et de ne pas se la laisser arracher. Elle est équilibrée dans son corps, son âme et son esprit et ne connaît pas la peur, comme le montre le lemniscate flottant au-dessus de sa tête. Cette absence de peur et sa sérénité intérieure sont perçues par le lion qu'elle caresse et l'influencent en conséquence.

A un autre niveau de force se trouve l'Arcane Majeur du Tarot des Etoiles (17), dont le message est similaire à celui de la Force : atteindre l'équilibre idéal et le don de la sérénité et de l'acceptation. Cependant, cette vibration se situe à un autre niveau. Le vieux chant de l'enfance peut aider à l'expliquer : "étoile brillante, étoile brillante, première étoile que j'ai vue ce soir, j'aimerais avoir ce vœu, j'aimerais avoir ce vœu ce soir". Le message secondaire de cette carte est qu'une fois que la symétrie entre le monde spirituel et le monde matériel est atteinte, les pensées et les rêves peuvent devenir réels. D'une certaine manière, cette carte est liée à la loi de l'attraction, car la façon dont les pensées sont formées et projetées peut dicter les circonstances, l'environnement et même les événements de votre vie. Cette carte représente la réalité d'atteindre un lieu d'acceptation et d'équilibre parfait, comme le montre la position de la femme : un genou est fermement planté sur l'herbe, tandis que l'autre pied repose dans l'eau. De plus, la femme porte deux cruches de taille égale et verse de l'eau à la fois sur la terre et dans l'eau.

L'équilibre parfait entre la matière (la terre) et la pureté de l'esprit (l'eau) a été atteint et la femme en prend soin. La prise de conscience que les mondes de l'esprit et du matérialisme ont la même force ouvre souvent une ère de réalisation des rêves ; l'accent mis sur la "force du cerveau" (17) l'indique clairement.

Les deux exemples de 8 énergies sont très différents, comme on peut le voir. Cependant, ils font tous deux référence à la force personnelle et à la manière dont elle peut influencer et améliorer la vie.

Valeurs multiples 8

Avec plusieurs 8 dans une lecture, le pouvoir et le contrôle sont susceptibles d'être des facteurs importants dans la vie du détenteur. Les biens matériels, la réussite professionnelle, le respect et l'autorité seront des facteurs de motivation importants, mais la question du sens de la vie ne figure pas souvent dans la liste des dix premières priorités. L'un des pièges déjà mentionnés que ce type d'énergie 8 peut

rencontrer est l'échec récurrent. Pour cette raison, la prise de conscience qu'il existe une autre réalité que la réalité matérielle est presque nécessaire avant que le 8 ne trouve un succès durable. Cette observation n'est cependant pas définitive : il existe des 8 développés positivement qui ont une énergie de type 8.

(ceux qui éprouvent vraiment de la compassion pour les autres et considèrent également le côté spirituel de la vie comme intrinsèque à l'existence sur le plan matériel), et ces personnes trouveront un succès durable et significatif dans leur vie, où le matérialisme a sa place, mais n'est pas considéré comme le tout et la fin de la vie. Au contraire, ce type d'énergie utilisera son succès et son statut pour aider les autres d'une manière significative et continue.

Un graphique avec 8 valeurs

Une personnalité qui ne présente pas de valeurs 8 dans sa lecture est normalement une âme qui ne se préoccupe pas d'accumuler du pouvoir ou des richesses matérielles, ni d'occuper des positions d'autorité dans le but personnel de satisfaire l'ego. Les personnes dépourvues de l'énergie 8 sont souvent assez faciles à vivre et prennent plaisir aux surprises et aux cadeaux que la vie leur offre, mais elles peuvent aussi se retrouver à la dérive, sans but ni direction ultime.

Significations traditionnelles

Les termes utilisés pour décrire le 8 moyen sont : déterminé, tenace, concentré, intelligent, puissant, inventif, organisé, couronné de succès, adaptable, généreux, charmant et stimulant. Certains aspects négatifs du 8 sont presque considérés comme allant de soi : contrôle, manque d'émotion, égocentrisme, jugement, critique, condescendance, secret, matérialisme et parfois abus.

Les mots qui font 8

Ces mots sont tous au nombre de 8 et font référence à la réussite ou aux différents aspects de l'équilibre : dictateur, serment, logique, tenace, réussite, organisé, liberté, vie, communauté, planète, terre, avion, refrain, culpabilité, psychotique et grave.

Chemin de vie pour le numéro 8

Le 8 du milieu est attiré par le pouvoir, l'argent et le succès et occupe souvent des postes d'autorité et d'influence. Ce nombre énergique est prêt à faire le travail nécessaire pour obtenir le statut et le respect. Axé sur le progrès et la responsabilité, le 8 peut connaître le succès dans divers domaines et est généralement très sûr de lui et orienté vers un but précis. Si le 8 apprend les leçons de la compassion et du partage, le ciel est la limite en termes de pouvoir accumulé et de gains matériels.

Défi pour le numéro 8

Ce nombre puissant est mis au défi d'accepter l'existence d'un autre royaume qui ne peut être vu, mais qui détient le pouvoir suprême et le contrôle de la vie. En d'autres termes, il doit se rendre compte qu'il n'est pas le "chef" ultime après tout. Le 8 est mis au défi de développer la compassion et de maintenir l'humilité afin d'atteindre l'équilibre parfait et de réaliser ainsi un succès durable, tant sur le plan spirituel que sur le plan matériel. Si le côté spirituel de la vie est ignoré, le 8 peut se retrouver dans des cycles répétitifs qui se traduisent par des gains et des pertes spectaculaires.

Le chiffre neuf (9) : fins et débuts

Avez-vous déjà rencontré une dame ou un homme âgé (j'entends par là une personne de plus de 90 ans) qui vous semble si gentil, si doux, si sage et si aimable que vous aimeriez l'emmener chez vous et l'installer dans un fauteuil à bascule devant votre cheminée ? Cela m'est arrivé. Peut-être une ou deux fois. Il s'agit de personnes relativement rares qui ont appris leurs leçons de vie, les ont acceptées et intégrées et sont maintenant prêtes à aller de l'avant. Elles rayonnent d'une paix intérieure et d'une tolérance qui est l'énergie à laquelle nous répondons parce qu'elle reflète la paix que nous désirons tous pour nous-mêmes. La nature de ce nombre est magique et son pouvoir est vénéré par le monde entier.

ancien. Le 9 est considéré comme sacré car il s'agit du plus haut niveau de conscience spirituelle atteignable avant d'atteindre les nombres maîtres et il représente la fin d'une série de leçons et le début d'une autre. Ces rares personnes semblent avoir compris ce cycle et sont en train de le libérer et de l'anticiper.

pourront enfin découvrir par eux-mêmes ce qu'il y a au-delà.

Rendons à nouveau visite à notre famille d'hommes seuls. La structure originale de la cellule familiale a pris fin. Les jeunes parents sont maintenant âgés et leur fils est devenu adulte et a également fondé une famille : une forme de famille se termine tandis qu'une autre a déjà commencé. À un autre niveau, les parents comprennent qu'une phase de la vie se termine et qu'une autre doit encore commencer : ils quitteront bientôt les limites de leur corps physique pour se lancer dans une aventure nouvelle et unique qui, pour l'instant, reste un mystère, mais qui ne les effraie pas. Une fois les parents décédés, l'enfant entamera une autre phase de son existence, sans la présence de ses parents.

Encore une fois, le chiffre 9 représente la fin et le commencement et est considéré comme un chiffre sacré, comme le 7, mais pour des raisons différentes. Le chiffre 9 englobe tous les enseignements contenus dans les énergies numériques précédentes, de 1 à 8, et est également

l'incarnation de la pureté dans la création (9 est le triple 3, la Triade, ou 3x3 - en fait, toute multiplication de ce chiffre commencera et se terminera toujours par le chiffre 9). C'est l'achèvement qui mène à la porte du nombre 10.

Idéalement, le 9 est très développé, compatissant, spirituel, créatif, empathique, altruiste, intuitif et motivé par l'amour fraternel. Ces qualités peuvent être illustrées par l'utilisation d'un nom. Que l'on soit religieux ou non n'a pas d'importance : c'est le simple calcul du nom en question qui est éclairant. Jésus totalise un (18) 9. Christ totalise (18) 9. Les deux noms réunis totalisent (36) 9. Encore une fois, religion mise à part, on dit de cette personne qu'elle était douce, gentille, indulgente et bienveillante, qu'elle faisait preuve d'une compassion inconditionnelle et qu'elle offrait des leçons de vérité et d'amour. De plus, cet homme semblait être connecté à une puissance supérieure. Il savait ce qui allait lui arriver (intuitivement et psychiquement), semblait posséder des pouvoirs mystiques (il transformait l'eau en vin et une miche de pain en assez de nourriture pour nourrir des centaines de personnes, et marchait même sur l'eau - ce qui comporte un élément de magie) et vivait selon des lois divines. Le 18 parle du "pouvoir de contrôle et d'équilibre en toutes choses", tandis que le 36 parle de "l'activité et la pensée de la nourriture et de l'amour". Tous deux correspondent à la description générale, ou à l'énergie, de l'homme. Jésus a également un début distinct, bien qu'il soit déjà adulte, et une fin distincte. (Deux autres exemples de l'énergie 9 sont John Wayne [18/9 x 2] et Elvis Presley [18/9 et 27/9] : tous deux étaient considérés comme des hommes animés et bienveillants).

Le 9 véritablement développé a effectivement intégré toutes les leçons difficiles inhérentes aux expériences de 1 à 8 et comprend qu'une puissance supérieure est à l'œuvre et que cette connaissance doit être partagée sans que le 9 soit considéré comme une expérience de vie.

C'est pour ces raisons que le chiffre 9 n'est associé à aucune lettre, présentant ainsi une autre différence majeure entre la méthode simplifiée pythagoricienne de la numérologie et la méthode chaldéenne (ou originelle) de la numérologie.

La personnalité numéro 9 a probablement survécu à des leçons de vie difficiles, qui peuvent aller de la maltraitance à la pauvreté, en passant par tous les points intermédiaires. C'est logique si l'on considère que plus les leçons sont dures (en passant par les "grades" 1 à 8), plus les tâches sont difficiles. Il s'agit de personnes sympathiques, sensibles et romantiques qui ont souvent enduré de grandes difficultés et douleurs ; si elles assimilent et apprennent les leçons contenues dans cette négativité, elles peuvent devenir de grands artistes, guérisseurs, conseillers, leaders spirituels, écrivains, orateurs, enseignants et bien d'autres postes visant à aider, inspirer ou motiver les autres. L'énergie de cette question me semble à la fois féminine et masculine, car la douleur, les épreuves et le désir d'aider ne connaissent pas de sexe.

Malheureusement, le 9 est enclin à la dépression s'il n'est pas éclairé, s'il est incompris, s'il est ridiculisé, s'il est abusé ou trahi, ce qui peut à son tour conduire à des tendances à l'évasion telles que celles offertes par la consommation de drogues et d'alcool. Bien que le 9 soit susceptible d'avoir des accès de colère soudains et inattendus, ceux-ci sont rares, car il est généralement extrêmement patient ou simplement passif. Cette passivité peut également conduire à l'instabilité financière, car le 9 n'est généralement pas trop intéressé par le côté matérialiste de la vie et l'argent n'est donc pas une préoccupation première. C'est un peu comme si le 9 savait, grâce à sa foi, que tout sera là quand on en aura besoin, ce qui signifie, par définition, que ce qui est nécessaire sera là, mais que le reste peut ne pas l'être. C'est une énergie compliquée, mais irrésistible et parfois même légèrement hypnotique.

Le 9 se débrouillera bien en travaillant seul dans un domaine artistique, spirituel, intuitif ou de guérison ou d'aide et sera un partenaire romantique affectueux (bien que quelque peu perplexe). Pour le 9 développé, la recherche de la vérité spirituelle sera primordiale et peut impliquer des changements d'intérêts, de centres d'intérêt et de croissance en général, ce qui peut créer des dissensions entre les partenaires, surtout si l'un d'entre eux est incapable de gérer sa propre vie. Rappelez-vous que le 9 annonce un achèvement suivi d'un nouveau départ.

Pour le 9, la confiance est la question la plus difficile à traiter, car elle est généralement violée régulièrement pendant les années de formation. Le 9 peut être ouvert, affectueux et tout ce qu'il y a de plus merveilleux, mais il est toujours bloqué lorsqu'il s'agit de faire confiance à quelqu'un ou à quelque chose de manière implicite ; il faut souvent des actions et du temps pour gagner cette confiance. Cependant, une fois gagnée, le 9 rendra la confiance sans hésitation et sa loyauté sera inébranlable.

L'énergie mystique de cette essence numérique est représentée par l'Arcane Majeur de l'Ermite (9), qui tourne autour des débuts et des fins et des chemins parcourus ou non parcourus. L'Ermite est un solitaire : par choix, il se détourne (ou met fin) à son implication dans les pièges normaux de la vie et de la société et se retire pour commencer à considérer son propre esprit et la façon dont il se connecte aux énergies universelles. Dans cette image, l'ermite est représenté traversant un paysage plutôt aride, tenant une lanterne pour éclairer son chemin (ce qui est une métaphore du voyage de son âme), tandis que dans d'autres, il est représenté vivant dans une haute tour sur une colline lointaine, où il se consacre à l'introspection et à la recherche de connaissances métaphysiques et spirituelles. Quel que soit l'endroit où il se trouve, l'ermite est l'exemple idéal de la fin d'un lien (avec la matière et la société) et du début d'un autre (avec lui-même et l'univers).

La Lune est une autre carte des Arcanes Majeures qui porte l'énergie du 9.

(18). Ce tableau illustre également le thème des débuts et des fins : la Lune elle-même apparaît et disparaît régulièrement, mais ne disparaît jamais vraiment, puisqu'elle est liée au Soleil tout au long de la vie. De plus, en illustrant notre voyage d'un point A à un point B (ou la vie et la mort), elle montre également les diverses distractions (débuts et fins) auxquelles nous sommes confrontés en chemin : dans cette illustration, les chiens semblent prêts à fournir au moins certaines de ces distractions et même des obstacles (selon leur degré d'amabilité). La Lune est à la fois éclairante et créatrice d'ombres, c'est pourquoi son lien avec l'intuition et les impressions psychiques est souligné.

Cette carte montre clairement le début d'un long chemin qui passe par deux piliers (les expériences positives et négatives et la réalité par rapport à l'illusion) que nous devons tous parcourir pour découvrir ce qui se trouve à la fin.

Ces deux énergies soulignent les tons mystérieux et spirituels de l'énergie empathique et compatissante du 9. Les symboles d'un personnage solitaire vêtu d'une tunique et d'une lune ronde et luminescente (qui ressemble étrangement au Soleil, la "mère" de la Lune) parlent également de ces énergies avec une éloquence discrète.

Valeurs multiples 9

Une personnalité ayant plusieurs valeurs 9 dans son nom peut trouver le thème du début et de l'arrêt, de la fin et du commencement, de l'essai et de l'échec, de l'avoir et du perdre plutôt ennuyeux et peut, en effet, être enclin à abandonner. Cependant, la nature du 9 oblige à prendre de nouveaux départs, de sorte que, malgré les revers, cette vibration

finiront par réessayer. De nombreuses valeurs indiquent également qu'il est fort possible que des abus ou des expériences de vie difficiles aient façonné et modelé leurs attentes en tant qu'adultes, mais la compassion qui fait partie intégrante de cette essence leur permet de continuer à progresser, même après des retards considérables et répétés.

Un graphique avec 9 valeurs

Une personnalité qui n'a pas de valeur 9 dans son thème est souvent assez fermée à certaines idées ésotériques ou spirituelles (comme la possibilité d'une vie après la mort) et peut même croire que cette vie est tout ce qu'il y a ; qu'une fois qu'elle est finie, elle est finie. Pas de renaissance, pas de seconde chance, pas de réincarnation, pas de jugement. Dans de tels cas, les recherches spirituelles, métaphysiques et mystiques ne sont généralement pas considérées comme valables. Bien sûr, il s'agit d'une observation générale ; beaucoup dépend des autres énergies présentes dans la carte.

Significations traditionnelles

Le nombre 9 est très accommodant et est souvent décrit comme intuitif, empathique, serviable, imaginatif, réfléchi, créatif/artistique, intrigant, curieux, gentil, romantique, sensible et spirituel. D'un autre côté, un 9 négatif (qui cherche à s'échapper) peut manquer d'estime de soi et de confiance en soi, ne pas se concentrer, être sans but, dépendant et gaspilleur. Il fait partie de ces essences malheureuses qui peuvent même envisager d'en finir, l'une des méthodes d'évasion les plus permanentes, mais non recommandées, car la porte de la réincarnation l'attend.

Mots dont la somme est égale à 9

Pensez aux mots suivants, qui comportent tous le chiffre 9 et impliquent un début ou une fin ou les deux : nuit, obscurité, guerre, cri, traumatisme, pluie, éducation, famille, ciel et baiser.

Chemin de vie pour le numéro 9

Le parcours de vie d'un 9 est peut-être l'un des plus difficiles. La profondeur de ses sentiments, son empathie, son imagination et ses réflexions intérieures peuvent rendre difficile son fonctionnement régulier. Parce que le contenu de la vie d'un 9 est soumis à un thème de fins et de débuts constants, de changements d'emplois, de lieux, de relations et d'intérêts (entre autres choses), le 9 peut être assez déroutant pour les autres. Pour rendre les choses encore plus compliquées, le chemin de vie du 9 implique généralement de s'engager dans l'exploration de l'autre côté de la vie, de l'inconnu et du mystère. Dans l'ensemble, cette énergie est illusoire et réservée et se retire plutôt que d'avoir à s'expliquer ou à se justifier. La meilleure chose à faire pour le chemin de vie d'un 9 est d'honorer sa vocation (la direction que lui indique son intuition), qui se trouve le plus souvent dans les domaines de l'aide aux autres ou de l'expression personnelle, qu'elle soit artistique ou verbale. Le nombre 9 est très créatif et talentueux ; par exemple, il est un artiste ou un acteur exceptionnel. L'un des défis du nombre 9 est de prendre le temps d'essayer de peindre, de chanter ou d'écrire, car ce qui l'attire donnera les résultats les plus gratifiants.

Si vous êtes le chemin de vie numéro 9, ne vous attendez pas à ce que votre vie soit comme celle des autres. Vous êtes une entité unique avec des talents uniques : vous êtes appelé à surmonter les sentiments de doute, à réaliser que tout s'est passé comme prévu et à le faire, quoi que cela puisse être pour vous.

Défi pour le numéro 9

Le défi pour les 9 est de se détendre dans leur connaissance et leur voyage en tant qu'apprenants et enseignants spirituels et, par-dessus tout, de vivre autant que possible selon les lois divines. Accepter les expériences personnelles difficiles et souvent formatrices comme étant essentielles et nécessaires à la croissance spirituelle et reconnaître que la poursuite de biens matériels et de positions d'autorité suprême est en fait toxique pour leur progrès spirituel. Cela ne veut pas dire qu'un homme ne peut pas avoir et apprécier la réussite matérielle et financière, mais que le fait de trop s'attacher aux images qui y sont associées peut être préjudiciable à son psychisme. "La célébrité est aussi éphémère que la vie elle-même" est un dicton qu'un homme qui a réussi peut facilement comprendre.

Numéro dix (10) : Le tournant

Le chiffre 10 ne fait pas partie de la carte chaldéenne ; cependant, comme le zéro, j'ai voulu l'inclure parce qu'il est dans une classe à part et qu'il mérite une mention spéciale. Cette énergie est une combinaison de la force originelle du chiffre 1 et des possibilités infinies et puissantes inhérentes au chiffre 0. Mettez les deux ensemble et vous obtenez un nouveau départ. Elle indique un retour au début, mais d'une manière différente, à un niveau différent.

C'est le nombre de l'achèvement (de l'échelle 1-9), de la perfection (10 est utilisé pour illustrer la femme parfaite) et d'un tournant (1 à 10 devient 11-20, 21 à 30, 31 à 40 et ainsi de suite).

La renaissance, les secondes chances, la capacité à relever des défis et les nouvelles intentions sont toutes soulignées par l'apparition d'un 10. Dans le nom d'une personne ou comme date de naissance, le 10 indique qu'à un moment donné de sa vie, elle subira une transformation ou une renaissance et aura souvent la capacité de créer ou de faire quelque chose d'unique qui sera remarqué par les autres et pourra servir à aider l'humanité à plus ou moins grande échelle. Le potentiel est là pour être utilisé ou ignoré. Tout dépend de la personne qui le possède.

Le 10 est une vibration unique qui donne au 0, ou chiffre, un point de focalisation (le chiffre 1), et ce point sera original, créatif et singulier. Puisque le 1 est déjà une force avec laquelle il faut compter, imaginez la puissance que le 0 lui ajoute.

Outre les nouveaux départs, le chiffre 10 apporte également des fins, qui doivent être vécues et acceptées (même si elles sont parfois plutôt négatives et difficiles) avant que la nouvelle phase ne commence. Le chiffre 10 est également lié à la carte numéro 10 du Tarot, la Roue de la Fortune, qui indique un changement à venir. Une situation se termine et une autre commence ; la fin de ce processus peut être négative, mais le début est généralement positif.

Nombre douze (12) : Achèvement d'un cycle

Le chiffre 12 se retrouve dans tant d'endroits et illustre tant de collections complètes qu'il mérite également d'être mentionné ici. Le thème de l'unité complète se retrouve dans les 12 apôtres, les 12 signes du zodiaque, les 12 heures du jour et de la nuit, les 12 pouces du pied, les 12 mois de l'année et les 12 niveaux scolaires. Il est intéressant de noter qu'un enfant est considéré comme un adolescent (et, par définition, n'est plus un enfant) lorsque la douzième année s'est écoulée. Le sentiment de plénitude, de boucler la boucle et d'atteindre l'apogée est résumé dans le sentiment de cette énergie numérique - et qu'au-delà se trouve un autre niveau (qui est un autre nombre intéressant en soi : le nombre 13). C'est également le but de la douzième carte du tarot du Pendu : le jeune homme s'est en effet délibérément pendu la tête en bas afin d'avoir du temps et un point de vue différent pour considérer quelque chose, pour ralentir suffisamment pour contempler ce qui a été fait et décider de sa prochaine étape, ce qui indique qu'une phase s'est terminée et qu'une autre va commencer. S'il y a des chiffres de ce type dans votre thème, et en particulier dans votre chemin de vie, il est probable que vous soyez ici pour jouer un rôle d'achèvement d'une sorte ou d'une autre. Vous êtes peut-être destiné à résoudre des affaires inachevées (réelles ou imaginaires), à terminer quelque chose commencé il y a longtemps, ou à fournir à l'humanité des réponses à des questions de longue date. Le nombre 12 suggère l'unification et les groupes ; son énergie peut se manifester de tant de façons qu'il serait impossible de les définir toutes. Dans l'ensemble, ce nombre est considéré comme positif et semble impliquer un niveau supérieur. (Ronald Reagan a commencé et achevé sa carrière cinématographique et entamé son parcours politique jusqu'à la présidence. Il a ensuite créé un nouveau niveau pour l'Allemagne en tant que pays uni. Marie-Madeleine, quant à elle, a vu l'achèvement d'une phase de la vie de son leader et le début de la foi que sa mort a fait naître. Il y a aussi la possibilité que quelque chose se produise dans cette vie qui soit nécessaire pour équilibrer des actions ou des actes qui ont été faits dans cette incarnation ou dans une incarnation antérieure. Attention au 13 karmique !

Numéro treize (13) :

Chanceux ou pas ? (Le Club de la dette karmique)

Qu'arrive-t-il à l'achèvement des 12 si vous ajoutez quelque chose ? Apparemment, vous déplacez l'aiguille de la balance. La réputation du 13 est liée à l'équilibre du 12 et à ce qui se passe lorsque vous ajoutez ce 1 supplémentaire (et je suis sûr que la 13e carte du tarot, la Mort, n'aide pas).

Voyez-vous le chiffre 13 quelque part dans votre thème ? Si c'est le cas, vous êtes membre de ce que j'appelle le Club de la dette karmique. Ne vous affolez pas. En ce qui me concerne, je considère le 13 comme un chiffre chanceux, malgré le thème du karma négatif qui lui est généralement associé. À moins que vous n'ayez été un enfant effrayant pendant vos années de formation, il est très probable que les dettes contractées dans cette vie deviendront payables dans la prochaine. Par conséquent, la plupart des dettes de cette vie ont probablement été contractées dans la précédente.

Cela dit, un exemple parfait du paiement effectué dans cette vie semble être assez simple si l'on considère le procès d'O. J. Simpson (dont le nom totalise étrangement 12) pour vol à main armée et enlèvement, à la suite d'un incident survenu le 13 septembre 2007 à Las Vegas. Pour faire court, Simpson a été reconnu coupable des 12 chefs d'accusation le 3 octobre 2008 (10 + 3 = 13), exactement 13 ans après avoir été déclaré non coupable de la mort de sa femme Nicole Brown Simpson et de son ami Ronald Goldman. Cependant, je continue de croire que le chiffre 13 est un chiffre porte-bonheur, car il offre la possibilité d'un nouveau départ. Un nouveau départ. Une ardoise propre et une chance de recommencer. Cela s'applique également à M. Simpson. Les transformations peuvent se produire n'importe où, même en prison.

Traditionnellement, le chiffre 13 est associé à la malchance. Superstitions et astuces. Des sorcières qui volent sur des balais et remuent leurs chaudrons, des légendes urbaines et des vendredis soirs sombres et orageux. Une assemblée de sorcières assez typique ("noire") se compose de 13 membres. Le treizième membre est d'ailleurs censé être le diable en personne. (Non, je ne crois pas au Diable, mais je reconnais l'existence d'une énergie destructrice, que l'on peut aussi appeler le mal. Avez-vous déjà remarqué que le mot Diable est composé d'un Port de "mal" ? Et que le "mal" inversé est "vivant") ?

Bien que le nombre 13 ne soit pas malchanceux en soi, car ses énergies se traduisent par la "force" (1) de l'"activité" (3), et globalement par le 4 solide et fondateur, qui fournit une base sûre à partir de laquelle opérer, il est néanmoins sujet à l'instabilité si la base est construite sur du sable ou si les énergies sont utilisées à des fins destructrices.

L'histoire et la légende du chiffre 13 se manifestent de manière étrange et illogique. Nous avons tous remarqué des bâtiments dans lesquels le chiffre 13 ne figure dans aucune pièce, aucun niveau, aucun étage, aucune porte, ni même dans certains bureaux, portes d'aéroport, hôtels, parkings, boîtes aux lettres et adresses de rue. Mon absurdité préférée est l'absence de bouton d'ascenseur pour le 13e étage. J'ai vécu une fois au 13e étage d'un gratte-ciel et j'étais agacé chaque fois que j'appuyais sur le bouton du 14e étage. On peut l'appeler 12e ou 14e, mais c'est toujours le 13e étage. Il est impossible de compter du 12e au 14e étage. Croyez-moi, je suis numérologue. C'est impossible. C'est comme si, en supprimant le numéro, l'architecte s'attendait à ce que nous acceptions l'absence d'une partie d'une structure physique... une réponse plutôt amusante de la société à la superstition avec laquelle ce numéro est considéré.

L'ombre la plus tristement célèbre du nombre 13 a été celle de Judas, qui s'est joint à la dernière Cène et a non seulement trahi Jésus, mais a également perdu la vie. C'est l'ajout à la complétude du nombre 12 qui a fait basculer l'énergie dans le négatif.

Le roi Philippe de France (nom et terme total : 13/4) est également responsable de la suspicion dont le 13 fait l'objet. Le vendredi 13 octobre 1307, le roi ordonne l'arrestation et la torture des Templiers, alors vénérés. Ses accusations d'hérésie étaient apparemment fondées sur l'appât du gain (le roi avait besoin de rembourser ses dettes considérables et les chevaliers n'étaient pas seulement riches, ils étaient aussi de mèche avec la papauté et populaires auprès du peuple). Après cette arrestation massive, les chevaliers ont été torturés de manière si atroce que certains ont avoué des péchés qu'ils n'avaient pas commis. Plus tard, lorsque certains Templiers se sont rétractés, ils ont été brûlés sur le bûcher. Jacques De Molay est le dernier Grand Maître connu à avoir été torturé de la sorte. On dit que pendant qu'il brûlait, il a invité Philippe et le pape Clément V à le rejoindre dans l'année. En conséquence, tous deux moururent dans l'année (ce fait et le 13e membre de la Cène se sont probablement combinés quelque part pour former une autre superstition qui dit que le 13e convive du dîner mourra dans l'année). Tout cela a fait que le vendredi 13 a été déclaré jour néfaste dont il faut se méfier, et même aujourd'hui, des millions de personnes restent à la maison le vendredi 13.

L'association du vendredi avec le 13 et la négativité en général a été cimentée par une série de liens. Les pendaisons publiques avaient généralement lieu le vendredi et se déroulaient dans des structures composées (dit-on) de 13 échelles. L'offrande d'une pomme par Ève à Adam, le grand déluge et la crucifixion de Jésus auraient tous eu lieu le vendredi.

En revanche, les anciens Égyptiens vénéraient et respectaient le chiffre 13. Pour eux, ce chiffre était sacré et faisait référence à l'éternité. Les Égyptiens croyaient que l'ascension passait par une échelle vers le ciel composée de 13 barreaux ; c'était la dernière étape à franchir pour atteindre l'immortalité, qui, bien sûr, était hautement désirée et valait donc la peine d'être travaillée. Cette dernière vision est celle qui reflète le mieux mon sentiment sur l'essence du chiffre 13 : sa présence indique la nécessité de régler ses comptes, aussi difficiles soient-ils, avant de pouvoir gravir le dernier échelon. Il s'agit là d'un exemple presque parfait de la recherche du positif dans le négatif. En effaçant les vieilles dettes, nous pouvons aller de l'avant et nous élever vers la purification spirituelle, la renaissance et l'illumination.

Ce karma est une explication bienvenue aux questions ancestrales que des millions de personnes se posent quotidiennement : "Pourquoi cela m'arrive-t-il ?" ou "Qu'ai-je fait pour mériter cela ? Savoir que l'on fait table rase du passé et que l'on se prépare à un nouveau départ rend les choses plus faciles à supporter. Et rappelez-vous que tout passe ; cela devrait rendre la période de remboursement ou d'expiation plus facile à traverser, peut-être pas beaucoup, mais un peu. C'est comme si vous étiez dans un long tunnel sombre pendant longtemps et que vous voyiez soudain une lumière au loin. La lumière est l'espoir et indique qu'il y a une fin à toute situation sombre dans laquelle vous pouvez vous trouver. C'est aussi la motivation qui vous fait avancer, car il est évident que si vous mettez un pied devant l'autre, vous atteindrez la lumière. C'est inévitable. Continuez à aller de l'avant.

Il m'a été difficile d'accepter la réalité de ma dette karmique lorsque j'ai reconnu et accepté que mes noms quotidiens et de famille, mon numéro de chemin de vie secondaire et mes numéros de connexion étendue comportaient plus que quelques 13 épars (Heather A. Lagan est composé de 13 lettres, mes deux prénoms sont composés de 13 lettres, mon numéro de sécurité sociale est un 13, et l'adresse de mon enfance, 4405, est un 13), mais cette prise de conscience a également commencé à mettre en lumière des réponses possibles aux raisons pour lesquelles ma vie était ce qu'elle était - et ce que je pouvais faire pour y remédier, mais ce fut un processus lent.

Au fil des ans, je me suis retrouvée à plusieurs reprises coincée dans des situations et des relations très destructrices, jusqu'à ce que je commence lentement à isoler et à reconnaître les schémas ou les cycles. Et je dis bien lentement, mais une fois la porte ouverte, la lumière de la compréhension a progressivement illuminé mon esprit. J'ai récemment passé le cap du demi-siècle et ce n'est qu'aujourd'hui, après de nombreuses années de lecture, de recherche, d'écoute des autres et de silence en moi-même, que je peux dire que j'ai commencé à vraiment comprendre les liens infinis entre toutes les choses : actions et réactions, causes et effets, et la loi de l'univers qui lie toutes les choses et les personnes entre elles et considère toutes ses parties infinitésimales comme indispensables à l'ensemble. Une partie de cette loi stipule que l'on récolte ce que l'on a semé, et c'est la signification du karma.

Le terme karma (qui correspond à 10/1, ou force originelle) vient du sanskrit et signifie "faire". Pour moi, le karma est comme une graine que l'on plante et que l'on oublie presque jusqu'à ce que, quelque temps plus tard, elle semble pousser du jour au lendemain. En fonction de ce qui est planté, les résultats seront positifs ou négatifs, comme dans le cas où ce que vous plantez poussera, ce que vous projetez sera connu (l'idée est aussi mauvaise que l'action... même penser sérieusement à avoir une liaison crée presque autant de karma que d'en avoir une), et tout ce que vous faites ou dites finit par vous revenir - sauf les choses vraiment mauvaises qui reviennent plus vite, même dans cette vie. Regardez O. J. : son acte a été fait dans cette vie et le karma l'a mordu presque instantanément.

Les bouddhistes croient que le karma est continu, qu'il est reporté des vies antérieures et créé simultanément dans les vies présentes, et qu'il se présente sous des formes positives et négatives. Si nous n'avons évidemment aucun contrôle sur les dettes déjà accumulées, nous avons certainement un contrôle sur le karma que nous créons dans cette vie, du moins en tant qu'adultes. Étant donné que toutes les expériences trouvent leur origine dans une sorte de classe cosmique et que nous sommes tous des étudiants, nous connaîtrons des échecs, mais cela ne signifie pas que nous abandonnons : nous répétons simplement le cours (ou l'expérience) et, cette fois, nous sommes attentifs. Tout ce que chacun doit faire, que ce soit en classe ou dans une tentative de créer un bon karma, c'est faire un effort, au moins essayer d'être aussi honnête que possible à tout moment, et essayer de faire ce qui est à portée de main de la bonne manière. C'est la clé - essayer. La réussite n'est pas aussi importante que l'effort sincère. Reconnaître et accepter que toutes les expériences ne sont que des leçons semble soulager une partie de la tension que nous pouvons ressentir lorsque nous sommes coincés à l'envers sur les montagnes russes métaphoriques de la vie, en particulier lorsque nous sommes temporairement bloqués.

A titre d'exemple, voici quelques noms d'énergies qui portent la vibration négative du 13 : Lizzie Borden, Napoléon Bonaparte, Andrew Cunanan (responsable de la mort de 5 personnes, notamment Gianni Versace le 15 juillet [7+6=13] 1997) et Phil Spector, l'ancien grand auteur-compositeur-interprète qui a été inculpé (le 20 novembre 2003 : ajoutez le 11e mois à 2 et vous obtenez 13) pour le meurtre de l'actrice Lana Clarkson. Jugé à deux reprises, il a finalement été reconnu coupable de meurtre au second degré.

D'un autre côté, Thomas Edison a dû accumuler un bon karma : il a apporté la lumière dans nos ténèbres. Franklin Delano Roosevelt aussi : non seulement il a redonné espoir à son peuple, mais il est aussi à l'origine de la phrase souvent répétée "la seule chose que nous ayons à craindre, c'est la peur elle-même" (premier discours inaugural, 4 mars 1933).

NUMÉROS DE RÉFÉRENCE

Les maîtres nombres sont la seule combinaison de chiffres qui ne s'additionnent pas. Les maîtres nombres qui ont un poids plus élevé apparaissent comme des nombres entiers, totaux, quotidiens ou de chemin de vie, et plus il y en a dans un nom, plus le potentiel d'accès et d'utilisation de cette énergie élevée est fort. Les maîtres mineurs peuvent également se trouver côte à côte dans le contenu d'un nom, d'une adresse ou d'un numéro de téléphone, et dans ce cas, ils doivent être pris en compte lors de l'analyse de l'énergie. Par exemple, tout nom contenant des valeurs doubles de C, G, S ou L montrera des valeurs doubles de 3 et peut indiquer des connexions subtiles avec l'énergie du Maître 33. Par exemple, ma sœur Claudia porte le nom CL dans son nom principal, et il illustre en fait les qualités du Maître Sacrifice : elle fait passer les intérêts et les préoccupations des autres avant les siens, elle a un grand cœur, elle est généreuse, elle pardonne, elle prend soin des autres et elle ne porte pas de jugement. Cette règle s'applique à tous les nombres qui se répètent de cette manière : leur caractère reflétera une version réduite du Maître Nombre représenté.

Les maîtres nombres sont uniques. Les nombres 11, 22, 33, 44 et ainsi de suite nous offrent la possibilité de nous amener à un niveau beaucoup plus élevé d'apprentissage et de participation, ou à un niveau beaucoup plus bas de destruction et d'espionnage : tel est le pouvoir qu'ils renferment.

Ces nombres à deux chiffres et à double énergie sont des vibrations hautement développées qui portent en elles un potentiel extraordinaire de réalisation et d'héritage (qui n'est obscurci que par le fait que l'envers des nombres Maîtres est également extraordinaire, mais d'une manière extrêmement négative). Pour se développer pleinement, ou "entrer" dans le plein pouvoir d'un Maître, une personne a

généralement besoin de temps, d'expérience et de maturité avant d'être équipée pour gérer une telle tension élevée d'une manière productive et positive (la plupart entrent dans leur pouvoir en tant qu'adultes d'âge moyen, et certains n'y parviennent jamais). Les étudiants des Maîtres sont des adultes qui ont fait l'expérience d'une grande partie de ce que la vie a à leur offrir ou à leur faire subir, y compris la douleur, la perte et le chagrin ; ce n'est qu'après avoir fait l'expérience directe des aspects négatifs que les aspects positifs sont vraiment appréciés et respectés. Les Maîtres sont enclins à méditer, à pratiquer la divination, à approfondir des sujets métaphysiques, à assister à des réunions spirituelles et/ou à modifier leur mode de vie en fonction de leur éveil spirituel et de leurs besoins.

Bien sûr, les êtres mortels ne peuvent pas fonctionner constamment à des niveaux de vibration aussi élevés pendant trop longtemps, et parfois cette énergie est complètement niée et submergée par le porteur du nom (et c'est souvent à ce moment-là que cette énergie se transforme, comme du lait aigre, et devient l'énergie exactement opposée à celle qui était prévue). Dans les deux cas, le 11 peut revenir et reviendra à un 2 plus doux, le 22 reviendra à un 4 plus terre-à-terre et le 33 s'adoucira pour devenir un 6 aimant. Bien que les Maîtres s'échelonnent de 11 à 99, leur présence est pratiquement inexistante au-dessus du nombre 44 (comme dans un nombre entier ou total). Je n'ai rencontré que quelques 44 et 55 au cours de toutes mes années de calcul de noms, et si jamais je voyais quelque chose de plus élevé, je passerais probablement les heures suivantes à essayer de trouver une erreur d'addition qui n'existe pas. En d'autres termes, les chances de rencontrer, par exemple, un 77 comme sous-nombre final ou comme nombre total, quotidien ou entier du nom sont minces, voire nulles.

Maître numéro 11

Le 11 positif dégage un magnétisme tranquille et introspectif qui tend à attirer les autres. Régi par un esprit intuitif et une introspection psychique très développés, le Maître 11 est très conscient et sensible, et est aussi enclin à la rêverie qu'à la réalisation. Connu comme visionnaire, le 11 a le pouvoir de manifester, c'est-à-dire de se concentrer sur ce qu'il désire jusqu'à ce que cela devienne réalité, souvent sans s'en rendre compte. En effet, le

11 vie en théorie - ils ne sont pas trop préoccupés par le matérialisme ou les gains mondains, ce qui peut être un peu gênant dans cette société orientée vers les objectifs. Elles sont très artistiques et imaginatives et peuvent utiliser ces talents pour créer des œuvres d'art impressionnantes qui peuvent faire appel à la peinture, aux mots, aux notes de musique ou même à des tours de passe-passe illusoires et fascinants.

Toutes ces qualités sont parfaitement illustrées par le nom de Harry Houdini. Il était un double 11, ce qui signifie que Harry et Houdini additionnent individuellement 11 et se combinent pour former le Maître Architecte 22, une énergie qui prend essentiellement la magie visionnaire du Maître Psychique 11 et la combine avec la magie du Maître Psychique 22.

le rend réel, si l'on peut dire. En fait, le vrai nom de Houdini était Weisz, ce qui équivaut également à Maître 22. Malgré l'adaptation de son nom, il conservait la même énergie que celle qui l'avait vu naître. (Il convient de préciser que Harry est mort le jour d'Halloween, en 1926, la nuit où les "voiles" entre les vivants et les morts sont censés être les plus minces. Il avait promis à sa femme que, s'il le pouvait, il lui enverrait un message de l'au-delà, ce qui ne s'est jamais produit, ou peut-être Mme Houdini a-t-elle préféré le garder pour elle). Harry a créé quelque chose à partir de rien ; il a trompé l'esprit et l'œil et l'a fait avec grâce et mystère. Peut-être que ses énergies et son histoire peuvent vous donner une idée des clés que détient le Maître 11 et de certains des endroits secrets que ces clés peuvent ouvrir.

Les talents du Maître 11 ne se limitent pas à la création au sens artistique : il y a aussi l'inventeur, le scientifique, le penseur original dans tous les domaines. Ainsi, le Maître 11 est celui qui pense ou imagine d'une manière inhabituelle ou unique, et cela peut prendre la forme de l'érudit, du scientifique et du philosophe, de l'enseignant, de l'avocat, du juge, du prêtre, du médecin, de l'animateur spirituel ou simplement du rêveur. Ces traits de caractère peuvent devenir si développés que le Maître 11 peut, presque par inadvertance, attirer l'attention du monde entier, ce qui signifie que certains deviendront, et sont devenus, des leaders vénérés sur la scène mondiale.

Pour offrir un profil plus concis d'un 11 que vous pourriez reconnaître comme quelqu'un que vous connaissez, voici quelques-unes des principales caractéristiques d'un 11 éclairé. Le Maître 11, lorsqu'il est en pleine activité, est très accessible, amical, chaleureux, authentique et accueillant, même si vous pouvez sentir une part de mystère autour de lui (et s'il poursuit un sujet ou un style de vie étrange ou inhabituel, il peut être tout à fait hypnotisant). Les signes 11 s'adaptent bien à toutes les situations dans lesquelles ils sont plongés et sont capables d'adapter leur comportement à celui des autres. Un vrai 11 est toujours créatif sous une forme ou une autre : il sera peintre, écrivain, acteur, inventeur, chanteur et souvent leader sous une forme ou une autre au sein de sa communauté. Sensible et romantique, le 11 désire l'amour, non seulement pour lui-même, mais aussi pour le monde. Ils travaillent souvent dans le domaine de la guérison ou du conseil, et un grand nombre d'entre eux sont impliqués dans les arts paranormaux, holistiques et métaphysiques.

L'arcane majeur numéro 11 est la justice, qui concerne le fair-play et les bonnes actions, tant sur le plan terrestre que spirituel. C'est l'équilibre atteint par la médiation et la méditation, et sa prémisse est basée sur l'absence d'illusion ou de ce qui est caché. C'est l'exposition de la vérité, et c'est ce que représente un 11 authentique : la justice et la vérité. (C'est aussi ce que Harry Houdini souhaitait réaliser : croire en la vérité de ce que l'œil voit).

Lorsque le 11 manque d'énergie, il fonctionnera comme un 2, qui est gentil, affectueux, domestique et courtois. En tant que 2, il sera entouré d'amis fidèles et maintiendra une variété d'intérêts et de relations par le biais des affaires ou de l'art.

L'inconvénient des nombres très chargés, activés ou spéciaux est leur côté négatif. Si j'ai réussi à faire comprendre la puissance du nombre 11, il ne faut pas s'étonner qu'une telle puissance, utilisée sans respect ni compréhension ou même avec une malveillance délibérée, puisse produire des résultats atroces et malveillants. Voici le charmant psychopathe qui masque ses intentions avec une grâce suave et des faux-semblants hideux. La beauté et la pureté du 11 positif est la balance sur laquelle peser la laideur et l'impureté du 11 négatif. Malheureusement, bien que cela soit vrai pour tous les nombres, c'est particulièrement vrai pour les Maîtres les plus forts. Puisque tout a un côté égal et opposé et que la mesure de ce pouvoir se reflète dans son original, l'intensité des énergies positives sera égale à l'intensité des énergies négatives.

Si vous êtes impliqué d'une manière ou d'une autre dans un 11 et que vous ressentez de très mauvaises vibrations, les drapeaux rouges volent furieusement et votre intuition vous crie, très sérieusement, de courir - et non de marcher - vers la sortie la plus proche. Ces énergies sont de mauvaises nouvelles et, selon le stade d'avancement, peuvent aller de l'étrange au dangereux. Pour terminer en beauté, voici quelques noms d'énergies qui obtiennent un score négatif de 11 : Gengis Khan, Aileen Wuornos (la première femme tueuse en série, comme le montre le film Monster), Jack l'Éventreur, Karla Homolka et Charles Manson.

Le 11 peut également se manifester de diverses manières, à la fois inquiétantes et stimulantes. Parfois, l'énergie entraîne une fin prématurée (Marilyn Monroe, James Dean, Marvin Gaye) ou crée une atmosphère de mystère surréaliste (Alfred Hitchcock) ou de découverte surprenante (Einstein). C'est le nombre de magies et de connaissances cinématographiques que l'on retrouve dans les noms de Michael Moore, Sharon Stone et George Clooney, pour n'en citer que quelques-uns.

C'est aussi le nombre de forces combinées. Imaginez la forme physique ou le corps s'alignant sur une croyance ou un désir invisible mais puissant. Les 11 Maîtres suivants ont tous "joint" leurs croyances avec une telle force qu'ils sont entrés dans notre histoire : George Washington a été le premier président des États-Unis ; Florence Nightingale a été la première infirmière à soigner les soldats britanniques blessés pendant la guerre de Crimée (1854-56) ; Mère Teresa a donné sa vie à l'Amour (ou à Dieu, comme certains préfèrent l'appeler), a ouvert le premier hospice à Calcutta et a reçu le prix Nobel de la paix en 1979 ; Margaret Hilda Thatcher a été la première femme Premier ministre du Royaume-Uni ; Martin Luther King Jr. a été le plus jeune homme à recevoir le prix Nobel de la paix. est devenu le plus jeune homme à recevoir le prix Nobel de la paix (1964) et est devenu la figure de proue de tous ceux qui "ont un rêve". Il s'est souvent entretenu avec John Fitzgerald Kennedy, qui est devenu le premier président catholique et le plus jeune (à l'époque) président jamais élu. Il est également l'auteur d'un célèbre dicton : "Ne demandez pas ce que votre pays peut faire pour vous, demandez ce que vous pouvez faire pour votre pays". Comme nous l'avons déjà mentionné, l'énergie 11 est entourée d'une certaine mystique et d'un certain mythe, et ces personnes l'illustrent et l'honorent très bien.

Valeurs multiples 11

Les personnes dont le nom comporte plusieurs maîtres 11 ont souvent une imagination débordante, peuvent être considérées comme des visionnaires et sont souvent impliquées dans des activités spirituelles ou métaphysiques. Cependant, la présence de nombreux 11 peut également indiquer une personne qui a besoin de reconnaître et d'incorporer les inclinaisons inhabituelles du 11 dans sa vie quotidienne. L'expérimentation d'expressions artistiques, d'écrits dramatiques ou de sujets paranormaux est fortement suggérée comme méthode utile de focalisation du "troisième œil", qui fait partie intégrante de l'apprentissage de l'utilisation des dons du 11.

En revanche, si le multi 11 en question est trop impliqué dans le monde ésotérique, les fonctions et responsabilités de base peuvent être ignorées et il peut s'avérer nécessaire d'accorder plus d'attention à la réalité de la vie.

Chemin de vie pour le nombre 11
(voir aussi le chemin de vie numéro 2)

En tant que premier Maître Nombre, ce chemin de vie est centré sur l'honneur de l'intuition et sur la recherche et l'absorption de toutes sortes de connaissances ésotériques nécessaires pour fonctionner à un niveau plus élevé de spiritualité. Toujours enthousiaste, surtout en ce qui concerne les mystères de la vie, cette énergie numérique est très empathique, idéaliste, romantique et protectrice, et convient parfaitement à l'enseignement et à l'inspiration des autres. C'est d'ailleurs sa direction : laisser une empreinte sur la psyché de l'homme, aussi petite soit-elle. Le Maître 11 qui choisit de suivre ses inclinations intuitives mènera une vie tout sauf normale, comme le montrent les exemples ci-dessus. Même si ses contributions ne seront pas aussi importantes, elles seront toujours appréciées, remarquées et valorisées.

Défis pour le numéro 11
Cette vibration est très sensible au monde de l'imagination et de l'arcane et peut facilement se retirer et se séparer de la société, de la famille et des amis. Bien que sa tendance naturelle soit de guider et d'éduquer, ses pensées profondes peuvent le rendre vulnérable à tout ce qui offre une stimulation sensorielle ou une évasion temporaire de la lourdeur de cette réalité. Les 11 doivent apprendre à accepter (et à relâcher) leurs expériences de jeunesse souvent négatives en tant que développement nécessaire du moi intérieur et à assumer leur rôle d'êtres spirituels et de leaders afin d'achever avec succès leur travail sur ce plan terrestre.

Numéro de maître 22

Ce Maître est le frère aîné du 11, mais là où le 11 est le rêveur prophétique et l'idéaliste sensible qui utilise son don de la parole, le 22 a la motivation de prendre les rêves, les visions et les paroles du 11 et de les transposer en objets que l'on peut toucher, voir et auxquels on peut se référer en tant qu'objets matériels. Cette énergie ne vit pas seulement selon les lois divines, mais elle est capable de travailler dans le cadre de ces lois pour créer des héritages matériels et accumuler des richesses et des possessions incroyables ici sur ce plan terrestre. Alors que le 11 se contente de travailler avec la tête (lire l'imagination) et le cœur (lire les émotions, les impressions psychiques et l'intuition), le 22 travaille avec l'intellect, la communication et la capacité de construire. Le besoin de produire des résultats tangibles est la motivation la plus forte de cette force électrique, qui tendra la main aux gens de manière importante, en essayant de toucher le plus grand nombre de personnes possible avec ses efforts.

Les 22 positifs créeront des maisons pour les moins fortunés, construiront des centres pour les personnes âgées et des extensions de mode pour les hôpitaux, lanceront des œuvres caritatives, etc. Le désir d'aider est authentique, tout comme l'espoir de se connecter à l'humanité à un niveau central. Bien que je me concentre sur des bâtiments réels pour illustrer le sentiment central des 22, ils peuvent également développer la conscience de masse par le biais de chansons, d'écrits, de représentations théâtrales, de films et d'une myriade d'autres outils. Le médecin qui est à l'origine de la dernière avancée médicale, l'avocat qui se bat pour les faibles et le bénévole qui collecte des dons pour les moins fortunés ou les sans-abri sont tous susceptibles d'être sous l'influence du 22. Que vous le trouviez en costume-cravate, dans une camionnette déglinguée ou serrant une mallette abîmée sur son sweat-shirt déchiré, ne vous y trompez pas : le 22 développé et dévoué ne se soucie pas de la façon dont les choses sont faites, mais seulement qu'elles soient faites. Si vous vous retrouvez à porter des vêtements de luxe, à conduire une Lexus et à faire jaillir toute une série de gadgets techniques de diverses parties de votre corps, soyez assuré que ces choses ne signifient absolument rien pour les 22. Elles ne sont qu'un moyen d'arriver à ses fins. À la maison, un 22 peut porter un jean et un T-shirt et méditer devant la cheminée ou une fenêtre ouverte (comme tous les maîtres, le 22 a des temps morts et fonctionne comme un 4, les pieds sur terre et en charge lorsqu'il n'est pas "allumé"). Après la méditation, le 22/4 ira probablement arracher les mauvaises herbes, sortir les poubelles, faire la lessive, nettoyer la salle de bains et aspirer les boules de poils qui se trouvent sous le canapé.

Le caractère du Positif 22 est joyeux, progressif, extraverti et ouvert. Cette énergie est prête à tout essayer si le résultat semble être utile aux autres. Charmant, intelligent et spirituellement cultivé, le 22 est très sociable et doué pour les relations avec les "hautes sphères", mais d'une manière discrète et humble. Comme nous l'avons déjà mentionné, le 22 a des chances de devenir riche s'il reste dans le droit chemin, mais il risque de tout perdre s'il se laisse entraîner dans une voie obscure et sinueuse.

Un avertissement très important est lié aux 22. Parce qu'ils ont le pouvoir d'obtenir et de récolter d'énormes quantités d'argent, de pouvoir, de prestige et de biens matériels, il est évident qu'ils risquent de glisser sur la pente de l'ego et de l'avidité et de perdre leur emprise sur les lois divines et la lumière dont ils vivent. Dans le pire des cas, la richesse et le pouvoir atteints peuvent conduire à un ennui intense et inspirer un désir, une recherche de plus. Plus d'excitation, plus de quelque chose. Lorsque vous avez tout ou que vous pouvez acheter tout (ou n'importe qui) que votre cœur désire, vous devenez sensible au syndrome du "je suis intouchable". Les lois sont oubliées et la lumière s'éteint. Les fautes morales et éthiques ou le manque de jugement constituent le principal avertissement associé à l'erreur. En substance, quelle que soit la raison, les 22 peuvent perdre leur chemin ou leur équilibre et parfois leur vie.

Un exemple important de cette perte apparente d'équilibre est caractérisé par le cas malheureux de Michael Jackson. Avant sa mort prématurée en 2009 (qui, soit dit en passant, totalise un 11), Jackson a fait l'expérience des résultats des énergies intenses du Maître 22 lorsque des allégations ont été faites (jamais prouvées) qui correspondaient à l'avertissement ci-dessus.

M. Jackson est entré dans cette vie le 11 août 1958, apportant avec lui un cadeau en or (ou certains diraient un lourd fardeau) de l'Univers : son Numéro de Nom Total est un Maître 55, qui se rapporte à l'équité et au jugement. Son nom quotidien est un double 22, qui totalise un Maître 44 ; il porte avec lui le thème et la signification de 'justice et jugement'.responsabilité d'être ou de devenir un Maître Guérisseur, ce qu'il avait certainement la capacité de faire à travers sa musique. Cependant, le revers de la médaille de tous ces Maîtres Nombres peut engendrer d'énormes chutes et des conséquences très négatives.

On ne peut ignorer l'histoire ou la présence de ces puissantes répétitions numériques et de leurs messages, positifs ou non. Les chiffres ne sont pas capables de mentir. Et le fait est que la vie et la carrière de Michael Jackson ont été affectées négativement par des allégations de conduite immorale, ce qui est un exemple indubitable des avertissements liés à la puissance 22. Sa mort prématurée s'inscrit également dans la dynamique inverse. Sa disparition prématurée s'inscrit également dans les vibrations telluriques du revers de la pièce 44 : deux valeurs fondatrices mises côte à côte peuvent créer et créeront des tremblements de terre massifs capables de détruire des carrières, des réputations, voire des vies.

Bien que tous les maîtres nombres aient évidemment des nuances plus sombres, le nombre 22 peut aussi être la lumière qui brille dans l'obscurité : Moïse et Bouddha sont tous deux des maîtres totaux 22.

Une conclusion intéressante du lien avec le Tarot est que les cartes représentant les principaux événements de la vie (Arcanes Majeurs) communs à l'humanité sont le nombre 22, qui se réduit au nombre 4 - la base ou le fondement sur lequel toute l'humanité doit construire. Ainsi, si le message de l'arcane majeur 22 est de construire et de créer, il souligne également la nécessité de s'ancrer très fermement pendant l'ascension et de ne jamais oublier de vérifier la qualité de ses fondations.

Valeurs multiples 22

Une lecture qui montre différentes valeurs du Maître 22 est criante pour la réalisation d'un rêve : elle indique un niveau puissant de réalisation qui est peut-être latent chez le porteur du nom. Le Maître 22

a la capacité de créer de grands héritages, de construire des empires, de faire une grande différence. Le message des multiples énergies du 22 est de poursuivre le rêve : il peut devenir réalité.

D'un point de vue négatif, la présence de plusieurs valeurs de 22 peut également indiquer le manquement potentiel à la déontologie évoqué plus haut.

il devra peut-être descendre de son piédestal (ou être renversé) avant de se rendre compte que le pouvoir ne justifie pas un mauvais comportement.

Chemin de vie du maître numéro 22
(voir aussi chemin de vie numéro 4)

Le chemin de vie du maître nombre 22 indique toutes les voies de la manifestation : ce nombre peut faire passer le monde de l'imagination dans le monde tangible de la réalité. L'accent sera mis sur de grands projets ou d'importantes avancées qui auront tendance à profiter à de plus grands groupes de personnes ou même à la Terre elle-même. Le 22 est capable d'accumuler des richesses matérielles et de s'élever à des hauteurs presque météoriques et devrait poursuivre ses rêves avec une dévotion totale et même avec un abandon contrôlé.

Défis pour le maître numéro 22
Ce Maître est appelé à être conscient des excès. L'excès de tout peut conduire à l'ennui et donc au besoin de stimulation. Les guides moraux et éthiques doivent être observés et respectés. S'ils sont ignorés, les 22 tomberont du haut de ce qu'ils ont construit, souvent avec des résultats catastrophiques.

Numéro de maître 33

Bien que les 33 puissent être rencontrés occasionnellement, ils sont relativement atypiques et souvent peu développés. Un 33 positif est entièrement occupé par des activités liées d'une manière ou d'une autre à l'amour. C'est le niveau le plus élevé de la vibration de l'amour et il unit le spiritualiste, le moine et le prêtre : celui qui sert beaucoup. C'est le "maître des maîtres" et il est relié au 6, gouverné par Vénus, la planète de l'amour. Les deux 3 combinés font référence à l'activité et aux pensées d'une personne qui influencent l'activité et les pensées d'un grand nombre de personnes. Il s'agit d'une voix, d'une personne, qui est le chef fidèle d'un troupeau, sous quelque forme que ce soit. Ce chef doit faire les sacrifices exigés par le foyer et la famille traditionnels : les gens sont leur centre, leur amour, leur famille et leur monde. Ils sont privés, certes, mais leur principale raison d'être est d'aider les autres à se tenir dans la lumière de l'amour. Ils vivent pour Dieu et l'esprit et pour répandre la parole de la foi, de l'action et de la pensée positive. Si vous avez la chance de connaître une personne positive, vous vous rendrez compte qu'elle est désintéressée et qu'elle n'a pas besoin d'être remise en question.

Ce sont des personnes généreuses, honnêtes jusqu'au bout des ongles et qui ont le courage du lion, mais sans le rugissement et les dents effrayantes. Les 33 seront difficiles à connaître à un niveau personnel et décontracté (à moins qu'ils ne fonctionnent comme leur sous-énergie nourricière 6), car il n'y a absolument rien de décontracté en eux et ils sont pour les masses, pas pour les mondains ou les insignifiants. Ce sont des énergies qui seront honorées et respectées : de véritables révolutionnaires parlant d'une vérité ancienne.

Parmi les possibilités négatives pour les 33, il y a le fait de prendre trop de responsabilités dans le monde et de se sentir accablé au point de devenir déprimé et inefficace. Le but des 33 est de livrer leur cadeau à l'humanité et leur plus grande peur est leur incapacité à porter ce fardeau ou à achever la livraison de ces cadeaux.

Un autre aspect négatif lié au 33 se manifeste évidemment dans les chefs spirituels qui ne sont pas ce qu'ils semblent être, ou dans ceux qui

deviennent des martyrs insupportables pour leur cause. À l'opposé, voici un exemple parfait du sacrifice inhérent à la mission d'un véritable Maître 33 : la religion mise à part, Jésus était un enseignant et un messager d'amour et de foi purs qui a été mis à mort, ou sacrifié pour et par le peuple, à l'âge de 33 ans.

En tant que force, 33 est impressionnant. Prenez par exemple la portée du World Wide Web, qui équivaut au Maître 33 (Maître 22+7+4=33) : cette grille informatique est un véritable cadeau pour le monde, pour les masses. Cela dit, elle montre aussi le potentiel des énergies intensément négatives qui sont inhérentes aux Maîtres Nombres. Son côté nuisible, dangereux et laid sépare les gens de leur argent, les enfants de leurs parents et les contacts sociaux de nombreuses vies (considérez que les énergies de sa pierre angulaire sont WWW ou 666). C'est comme si ce cadeau contenait un sacrifice de l'éthique, de la sécurité et de la bonté fondamentale, mais c'est la main de l'utilisateur qui définit le chemin du couteau.

Chemin de vie du maître numéro 33
(voir aussi le chemin de vie numéro 6)

Nous entrons ici dans une manifestation plus directe du chemin de vie spirituel : une personne dotée de cette énergie se sent souvent séparée.

des autres parce qu'ils sont à un niveau de développement différent. Il peut se sentir seul, isolé et incompris. Souvent considéré comme un maître enseignant, le 33 pleinement développé sera généralement appelé à sacrifier sa vie personnelle (conjoint, enfants, maison) pour accomplir sa destinée en tant qu'enseignant des vérités spirituelles et de l'amour inconditionnel, bien qu'il ou elle voyagera probablement pour partager ses connaissances ; il ou elle sera également assez seul(e). Ceux qui ne connaissent pas personnellement un 33 peuvent le qualifier à tort de distant, voire d'arrogant.

Défis pour le maître numéro 33
Le défi du Maître 33 consiste en une profonde insécurité qui n'est jamais partagée avec les autres. Parce qu'ils sont souvent placés dans des positions de révérence ou de respect suprême, ils gardent pour eux tout ce qu'ils perçoivent comme des défauts personnels. Ces émotions

intérieures peuvent facilement conduire à un sentiment de désespoir et au recours à des substances addictives. Les purs doivent apprendre à transcender leurs désirs personnels et leur mode de vie pour apprendre et enseigner la leçon de l'amour inconditionnel.

Valeurs multiples 33

Tout nombre supérieur au Maître 33 est relativement rare, et plus d'un dans le même graphique est encore plus rare. Dans ce cas, le porteur du nom est susceptible d'être plutôt reclus, car la fréquence des maîtres nombres est élevée par rapport à l'échelle normale des nombres. Celui qui est sous son influence peut avoir du mal à interagir avec les autres de manière intime et personnelle. En effet, le 33 s'intéresse davantage à la vue d'ensemble qu'aux éléments individuels. Si plus d'un maître 33 est indiqué et que le porteur est un esprit développé, le potentiel est illimité ; il s'agit d'une personne qui pourrait facilement avoir un impact sur le monde d'une manière ou d'une autre.

Autres numéros de référence

Numéro de maître 44

Ce Maître pourrait être comparé au Médecin géant du ciel. Il est le Maître guérisseur/thérapeute, celui qui, idéalement, répare tous les maux de la race humaine, ou du corps spirituel de l'humanité. Cette énergie aurait la capacité d'influencer les états mentaux et psychologiques d'un très grand nombre de personnes. La manière dont cela se produirait pourrait varier : ce pourrait être par des mots, des médicaments, des actions... la liste est infinie et ouverte à l'imagination. Le fait est que le Positif 44 serait capable d'atteindre le cœur émotionnel de la société à un niveau fondamental, à la base, et d'apporter un changement positif : un guérisseur offrant une thérapie aux masses. Comme nous le savons tous, un tel leader est très rare. Espérons que nous ne détruirons pas cette énergie lorsque Positive 44 fera son apparition. (Ou qu'elle ne se détruise pas elle-même).

De même, un 44 négatif n'est pas une énergie à laquelle on souhaite être associé. En ébranlant les fondations des deux 4, on créerait le chaos, une énergie traîtresse et destructrice qui saperait un système de croyance fondamental et conduirait à l'effondrement de l'espoir. Le 44 négatif trébucherait et tomberait inévitablement, ce qui, bien sûr, serait comme un tremblement de terre dans le monde du 44 en question et dans celui de ceux qui l'admirent. La chute d'un leader et d'un guérisseur potentiel provoquerait évidemment une désillusion considérable au sein de la population. (Voir Maître 22, Michael Jackson : son double 22 total au Maître 44).

Numéro de maître 55

Cette énergie est plus qu'intelligente. C'est un mélange parfait de jugement équitable et d'autorité. Justice et génie. Intellectus perfectus. Cette énergie chevauche la crête du changement et de la célébrité, mais c'est aussi le nombre équilibré et neutre 5 doublé, suggérant un monde d'idées et d'intellect transformés en leurs formes les plus positives et bénéfiques pour l'humanité. Idéalement, bien sûr. L'une des rares énergies de Maître 55 que j'ai rencontrées est celle de la Reine Elizabeth (22+33=55). Une autre est Michael Joseph Jackson.

Numéro de maître 66

Fertile et fécond, ce Maître réunit tous les aspects de la création en une seule énergie pure. C'est comme un rayon laser de créativité : des femmes enceintes, des arbres chargés de fruits, de la croissance et de la verdure, d'immenses réflexions et épiphanies jaillissent sous ses rayons. C'est un sentiment d'amour véritable et de création sauvage, mais d'une manière organisée et ciblée.

Numéro de maître 77

L'union parfaite de la logique et des vérités métaphysiques est le domaine du Maître 77 et aboutit à un équilibre complet du cerveau et de la conscience. En effet, certains appelleraient cette essence la conscience divine : une pensée pure et propre et une manifestation pure et propre de ces pensées. C'est le cerveau de toutes les choses qui fonctionne en parfaite harmonie.

Numéro de maître 88

C'est le mélange absolument parfait de l'humilité véritable et de la puissance brute. C'est le lemniscate (voir le chiffre 8), le yin/yang, le symbole de l'infini ; ce sont les deux cercles du 8 qui se correspondent à 0 degré de différence. Le Maître 88 est la compréhension universelle absolue et l'équilibre parfait en toutes choses.

Numéro de maître 99

Je suis convaincu que ce nombre ne peut être rencontré qu'une fois que l'on a atteint l'au-delà. Ce nombre est le seul des Maîtres qui se réduit à sa forme (9+9=18=9) et il apporte avec lui des énergies et des connaissances qui, à mon avis, ne sont accessibles qu'une fois que l'on a quitté ce plan terrestre. La réalisation ne vient donc que lorsque l'on quitte, ou que l'on est sur le point de quitter, ce plan d'existence. Il faudrait être mort, ou assez proche pour frapper à sa porte, pour pouvoir vraiment l'affirmer, mais j'ai entendu et vu suffisamment de choses pour savoir que les personnes qui savent et acceptent qu'elles vont mourir sont en quelque sorte en paix et même impatientes de passer à autre chose. C'est étrange, mais c'est ainsi. Ce qui nous attend, à mon avis, c'est la vérité totale, la connaissance illimitée et une clarté si fine et si délicate qu'elle semble pouvoir être brisée dans un murmure.

C'est quelque chose que vous, cher lecteur, avez peut-être déjà expérimenté, même si ce n'est qu'occasionnellement.

Tout le monde connaît des moments de compréhension soudaine, des épiphanies soudaines, des moments étranges de connaissance claire. Vous souvenez-vous d'un moment où vous avez eu un déclic, où vous avez soudain "compris" ? Vous souvenez-vous de ce sentiment ? Cette compréhension pure, cet éclair de reconnaissance en une fraction de seconde est l'élément dont je parle : la Vérité. Dans le cas de Master 99, elle est continue et perpétuelle. La vérité est révélée, degré par degré, mais simultanément. Chaque vérité devient immédiatement une partie de votre esprit, qui l'absorbe et l'élargit jusqu'à ce que toutes les facettes de la vérité soient exposées et assimilées.

LES CHIFFRES DES TABLES CHALDÉENNES

Les tablettes chaldéennes, une extraordinaire collection de tablettes d'argile anciennes, offrent une fenêtre unique sur la vie, les croyances et les pratiques administratives des Chaldéens, un peuple qui a prospéré dans l'ancienne Mésopotamie. Ces artefacts ne sont pas seulement des trésors archéologiques, mais aussi des documents historiques cruciaux qui nous aident à comprendre une civilisation qui a considérablement influencé le cours de l'histoire de l'humanité.

La découverte des tablettes chaldéennes a eu lieu principalement au XIXe siècle, lorsque les archéologues ont commencé à effectuer des fouilles systématiques au Moyen-Orient. Trouvées dans les ruines d'anciennes cités comme Babylone et Ur, ces tablettes étaient enfouies depuis des millénaires. Fabriquées en argile et gravées alors que le matériau était encore humide, ces tablettes étaient ensuite cuites au soleil ou dans des fours, ce qui leur conférait une grande longévité.

Ces tablettes sont principalement écrites en akkadien, en utilisant l'écriture cunéiforme, l'un des systèmes d'écriture les plus anciens. Cette écriture consiste à presser un stylet sur de l'argile molle pour créer des marques en forme de coin. Les textes de ces tablettes couvrent un large éventail de sujets, notamment des codes juridiques, des registres commerciaux, des décrets gouvernementaux et de la correspondance personnelle.

D'un point de vue culturel, les tablettes révèlent les connaissances avancées des Chaldéens en matière d'astronomie et de mathématiques. Elles documentent des observations astronomiques et des calculs mathématiques qui ont contribué au développement de l'astrologie et du calendrier lunaire, des aspects profondément ancrés dans la religion et la culture mésopotamiennes.

Chiffres planétaires chaldéens

Les tablettes chaldéennes contiennent un profond système de numérologie entrelacé avec l'astrologie qui souligne le lien profond que les Chaldéens percevaient entre les corps célestes et les valeurs numériques. Ce système de numérologie planétaire, contrairement à ses contemporains, offre un aperçu unique de la nature et de la destinée humaines, façonnées par les mouvements et les positions des planètes. L'exploration suivante se penche sur cet ancien système de numérologie, révélant comment il était appliqué et sa signification durable.

Leur compréhension du cosmos était avancée, comme en témoignent les enregistrements astronomiques détaillés trouvés sur de nombreuses tablettes d'argile. Ces tablettes montrent que les Chaldéens attribuaient des valeurs numériques aux planètes, dont ils pensaient qu'elles influençaient les caractéristiques humaines et les événements de la vie. Cette pratique s'inscrivait dans le cadre d'un effort spirituel et scientifique plus large visant à harmoniser l'existence humaine avec l'ordre cosmique.

Dans la numérologie chaldéenne, chaque nombre est associé à une planète particulière, chacune exerçant une influence unique. Cette association n'est pas arbitraire, mais découlerait des qualités vibratoires que les Chaldéens ont observées à la fois dans les nombres et dans les planètes. Voici une analyse plus approfondie de ces associations :

Chiffre chaldéen 1 : l'influence du soleil
Le chiffre 1 dans la numérologie chaldéenne est associé au Soleil, symbolisant le leadership, l'indépendance et un désir inné de liberté. Les personnes portant ce chiffre sont animées d'une forte volonté de réussite et d'une quête de liberté personnelle. Ils sont souvent considérés comme des leaders naturels qui préfèrent prendre les devants plutôt que de suivre, incarnant un esprit créatif et perfectionniste. Cependant, leur aversion pour l'autorité provient d'un

désir d'être eux-mêmes l'autorité, ce qui entraîne des difficultés à faire face à des obstacles majeurs qui nécessitent de la patience.

Numéro 2 chaldéen : La douceur de la lune

Représenté par la Lune, le chiffre 2 chaldéen est caractérisé par la douceur et la profondeur émotionnelle. Ces personnes sont très créatives, mais leur art a souvent une tonalité mélancolique. Elles excellent dans l'empathie et sont donc aptes à comprendre les émotions des autres. Cependant, leur tendance à se concentrer sur les détails émotionnels les plus fins peut parfois masquer la situation dans son ensemble, et leur douceur apparente peut être perçue comme une faiblesse, ce qui peut entraîner des conflits internes et externes.

Nombre chaldéen 3 : l'expansion de Jupiter

Jupiter gouverne le chiffre 3, qui est synonyme de croissance, d'expansion et d'une solide "mentalité d'homme gagnant". Les personnes associées à ce chiffre sont ambitieuses, avec une aptitude à la réflexion stratégique et un désir de gérer les tâches de manière indépendante. Leur approche de la vie est proactive et elles cherchent à contrôler les résultats par leurs efforts personnels, se positionnant souvent comme des leaders autonomes dans leur domaine.

Numéro 4 chaldéen : la vision unique d'Uranus

Le chiffre 4, sous l'influence d'Uranus, représente les individus non conventionnels et novateurs. Ces penseurs et créateurs sont souvent en avance sur leur temps, repoussant les limites de la société et remettant en cause les normes. Leur chemin est semé d'embûches car leurs idées novatrices bousculent souvent le statu quo, ce qui conduit à l'isolement social ou au conflit.

Numéro 5 chaldéen : l'agilité de Mercure

Mercure régit le chiffre 5, qui symbolise l'agilité, la communication et l'adaptabilité. Les personnes liées à ce chiffre sont des papillons sociaux, habiles à travailler en réseau et à naviguer dans divers environnements sociaux. Leur capacité à entrer en contact avec un large éventail d'individus les aide dans les sphères personnelles et professionnelles, incarnant l'essence du mouvement et de l'échange.

Numéro 6 chaldéen : le charme de Vénus

Vénus supervise le nombre 6, s'alignant avec le confort, la beauté et le charme. Les personnes associées à ce chiffre sont souvent considérées comme charismatiques et séduisantes, utilisant leur charme pour naviguer et influencer leur environnement. Cependant, elles peuvent également utiliser ces caractéristiques de manière manipulatrice, en exploitant leur charme pour atteindre des objectifs personnels.

Numéro 7 chaldéen : Neptune Intuition

Dirigé par Neptune, le chiffre 7 représente l'introspection et l'intuition. Les personnes qui résonnent avec ce chiffre sont des penseurs profonds, constamment à la recherche de significations et de liens plus profonds dans la vie. Ils sont capables de comprendre les motivations sous-jacentes et possèdent souvent une intuition psychique.

Numéro 8 chaldéen : l'autorité de Saturne

L'influence de Saturne sur le chiffre 8 est synonyme de structure, de discipline et d'orientation vers des résultats à long terme. Ces personnes sont considérées comme des bâtisseurs, qu'il s'agisse d'entreprises, de projets ou d'autres entreprises importantes, et sont souvent confrontées à des difficultés qui les préparent à assumer des responsabilités importantes.

Le chiffre chaldéen 9 : le dynamisme de Mars

Enfin, le chiffre 9, lié à Mars, incarne l'esprit guerrier et met l'accent sur la justice, l'intégrité et le leadership. Ce chiffre incarne le concept de karma et de destin : les individus se sentent obligés de dire la vérité au pouvoir et de défendre ce qu'ils croient être juste.

Notes sur l'astrologie chaldéenne

L'astrologie chaldéenne, une forme ancienne d'observation et d'interprétation du ciel, est un pilier de la sagesse astrologique qui a influencé des générations bien après la chute de Babylone. Originaire des Chaldéens de Mésopotamie, elle représente un mélange sophistiqué de numérologie, d'astronomie et de croyances spirituelles. Ce chapitre se penche sur les indices et les nuances de l'astrologie chaldéenne, révélant comment les anciens Chaldéens utilisaient les étoiles pour déchiffrer le plan divin et comment ces pratiques peuvent être comprises aujourd'hui.

L'astrologie chaldéenne est profondément ancrée dans l'observation des cieux, en particulier des mouvements des planètes et des autres corps célestes. Contrairement à l'astrologie occidentale moderne, qui utilise le zodiaque tropical basé sur les saisons, l'astrologie chaldéenne était probablement plus proche de ce que l'on appelle aujourd'hui l'astrologie sidérale, qui se base sur la position des étoiles. Les Chaldéens divisaient le ciel en segments, chacun lié à une divinité et à une planète spécifiques, reflétant ainsi un cosmos imprégné de divinité et d'objectifs.

Les Chaldéens nommaient chacune des planètes d'après leurs divinités et leur attribuaient des caractéristiques et des influences spécifiques. Ces corps célestes étaient considérés comme des manifestations de la volonté divine, influençant tout, des destins individuels aux résultats d'empires entiers. Par exemple :

- Jupiter (Marduk) : Symbolise la justice et la droiture, influence les lois et la royauté.
- Vénus (Ishtar) : Associée à l'amour, à la fertilité et à la guerre, elle guide les relations et les conflits.
- Saturne (Ninurta) : Représente l'agriculture et la guerre, déterminant les périodes de difficultés ou de prospérité.

Les astrologues chaldéens utilisaient diverses techniques complexes pour interpréter les alignements célestes. Ils enregistraient méticuleusement les événements astronomiques tels que les éclipses, les conjonctions planétaires et les premières apparitions des planètes et des étoiles à l'aube (lever héliaque). Ces événements étaient considérés comme des présages qui pouvaient annoncer des catastrophes naturelles, des bouleversements politiques et la fortune ou l'infortune personnelle.

Les prêtres chaldéens interprétaient les phénomènes célestes comme des signes des dieux, destinés à communiquer la volonté divine. Par exemple, une éclipse de lune pouvait être considérée comme un avertissement de la santé chancelante du roi ou de l'instabilité politique.

Certains éléments suggèrent que les Chaldéens pratiquaient également une forme d'astrologie natale, calculant la position des planètes au moment de la naissance d'une personne afin de prédire ses traits de caractère et le cours de sa vie. Cette pratique suggère une compréhension sophistiquée de la place de l'individu dans l'ordre cosmique.

L'astrologie chaldéenne n'était pas seulement une pratique ésotérique, elle avait aussi des applications pratiques dans la vie quotidienne et le gouvernement. Les dirigeants utilisaient les prédictions astrologiques pour planifier les batailles, les décrets et même les activités agricoles. La prêtrise astrologique détenait un pouvoir important, conseillant les rois et les nobles sur la base de leurs lectures des étoiles.

L'héritage de l'astrologie chaldéenne est profond et a influencé les traditions astrologiques ultérieures dans tout le Moyen-Orient et le monde hellénistique. Des éléments de cette pratique ancienne peuvent être observés dans le développement de l'astrologie en Grèce et en Inde, où les techniques chaldéennes ont été intégrées et adaptées aux cultures et croyances locales.

Les planètes pour les Chaldéens

Chaque grand corps céleste était associé à des divinités spécifiques et ses mouvements étaient interprétés comme des manifestations divines, dont l'influence pénétrait tous les aspects de la vie humaine.

Mardouk et Jupiter

Au zénith du panthéon chaldéen siégeait Mardouk, la divinité protectrice de Babylone, associée à Jupiter, la plus grande et la plus majestueuse des planètes visibles à l'œil nu. Marduk, en tant que roi des dieux, incarnait les principes de l'ordre, de la justice et de la royauté. L'apparition de Jupiter dans le ciel était pour les Chaldéens un signe rassurant, symbolisant la stabilité et l'ordre que Mardouk apportait au cosmos. Les mouvements de Jupiter étaient particulièrement observés pour les présages concernant le bien-être du roi et de l'État.

Ishtar et Vénus

Ishtar, déesse de l'amour et de la guerre, était parallèle à Vénus, connue pour son éclat et sa beauté dans les cieux. La double nature d'Ishtar se reflétait dans la double apparence de Vénus, étoile du matin et du soir. Son influence était recherchée dans les domaines de l'amour, de la fertilité et de la victoire au combat. Les transitions de Vénus de l'étoile du matin à l'étoile du soir et vice versa étaient des événements d'une importance astrologique considérable, marquant des moments de réflexion et de changement dans les relations personnelles et dans la dynamique de la guerre.

Ninurta et Saturne

Le sombre et lointain Saturne était lié à Ninurta, le dieu de l'agriculture et de la guerre. La lente orbite de Saturne autour du Soleil reflétait le rôle de Ninurta en tant que dieu de la justice et de la destruction délibérée, apportant à la fois richesse et stérilité. L'apparition de Saturne dans le ciel pouvait annoncer des périodes de troubles ou d'abondance, influençant la planification agricole et la préparation à d'éventuels conflits ou catastrophes naturelles.

Nabu et Mercure

Mercure, connu pour ses mouvements rapides dans le ciel, était associé à Nabu, le dieu de la sagesse, de l'écriture et de la communication. L'apparition et la disparition rapides de Mercure à l'horizon reflétaient le rôle de Nabu en tant que messager des dieux, porteur d'informations et de décrets divins. L'influence de Nabu était cruciale dans les domaines de l'apprentissage, du commerce et de la transmission des connaissances, en particulier dans la manière dont ces domaines pouvaient influencer le bien-être et la progression de la société.

Nergal et Mars

Associé à la planète rouge Mars, Nergal était le redoutable dieu de la guerre, des fléaux et du monde souterrain. La couleur sanguine de Mars et son apparence ardente dans le ciel en faisaient un symbole céleste approprié à la nature destructrice et chaotique de Nergal. La visibilité de Mars était souvent interprétée comme un signe de guerre ou de catastrophe imminente, ce qui donnait lieu à des prières et à des rituels visant à apaiser le dieu courroucé.

Le péché et la lune

Sin, le dieu de la lune, occupait une place particulière dans le ciel nocturne et dans le cœur des Chaldéens. Les phases de la lune déterminaient le calendrier mensuel et étaient essentielles pour planifier les festivals, l'agriculture et les activités maritimes. La visibilité et les phases de Sin étaient utilisées pour prendre des décisions sur les événements importants de la vie, des mariages aux entreprises, reflétant son rôle de mesureur du temps et d'illuminateur de la nuit.

Shamash et le soleil

Shamash, le dieu du soleil, était le juge divin et le superviseur de la justice ; son voyage quotidien à travers le ciel était un symbole de vigilance et d'illumination. Chaque lever de soleil représentait la renaissance de Shamash et chaque coucher de soleil sa mort, symbolisant le cycle éternel du renouvellement et la vérité immuable selon laquelle le soleil se lèverait à nouveau, apportant chaleur, lumière et vie. L'influence de Shamash était invoquée dans les affaires juridiques et les serments, pour garantir l'équité et la vérité.

LA SIGNIFICATION DES LETTRES

Chaque lettre de notre alphabet de vingt-six lettres, dans sa forme majuscule, est un personnage en soi. Chacune d'entre elles révèle quelque chose d'elle-même simplement par son apparence, sa façon de se présenter et sa forme. Si l'on considère les lettres comme des figures individuelles ou des formes symboliques et que l'on observe chaque lettre avec un œil ouvert, on découvre une autre couche du mystère, une autre couche de l'oignon. La lettre H, par exemple, m'a toujours fait penser à un escabeau. Mais si l'on empile certains de ces échelons les uns sur les autres... on y arrive ! Comme pour la lecture des symboles du tarot, la façon dont vous choisissez de vous relier à une lettre ou à un chiffre est la bonne pour vous et restera dans votre esprit, vous aidant à mémoriser les significations. Ainsi, si le O vous rappelle le Soleil, qu'il en soit ainsi. L'important est que cela vous convienne.

La section suivante contient la signification des lettres et aborde les caractéristiques spécifiques de chaque symbole. Il convient de prêter une attention particulière aux lettres qui apparaissent comme des pierres angulaires, car elles auront une signification plus forte pour chaque nom spécifique. Si vous vous appelez Sharon, le S aura une forte influence sur l'ensemble du nom. Si, par contre, vous vous appelez Sasha, le S doublera d'intensité en raison de la pierre angulaire et d'une énergie S supplémentaire. Si tu t'appelles Sharon Sasha Samson, le S s'enroulera autour de ton énergie comme un serpent. Ce n'est pas nécessairement une mauvaise chose ; tout dépend de la façon dont tu choisis d'utiliser cette surcharge d'énergie S. C'est toujours une décision personnelle. C'est toujours une décision personnelle. Par ailleurs, comme tout, tout a un côté lumineux et un côté sombre, que je n'hésiterai pas à décrire. Vous saurez quelles significations sont les vôtres et lesquelles ne le sont pas.

A (valeur de 1) : Le survivant solitaire

Le A est évidemment la première lettre de l'alphabet et partage de nombreuses qualités avec le chiffre 1, qui est aussi sa valeur. Les significations traditionnelles de la lettre A désignent le débutant, l'entreprenant, le solitaire et le pionnier, la "force originelle" dont tout le reste découle. Elle représente le premier souffle, la première action, le premier mot. Dans la symbolique ancienne, le A représente le phallus pointu : c'est la création et la survie dans sa forme la plus pure. La personnalité A apparaît parfois comme arrogante, égocentrique, agressive, ostentatoire et centrée sur elle-même, mais sa fonction première est de survivre et de l'emporter, ce qui peut créer un caractère court et ignorant à de nombreux niveaux. Cette limitation peut se manifester par de la frustration ou de la colère, un manque de compétences sociales et de tact, et une variété de projets commencés et laissés inachevés. Le A est généralement une énergie qui attend et recherche des résultats immédiats. Son niveau émotionnel n'est pas très développé, car il ne se concentre pas sur les sentiments, mais plutôt sur les activités, les recherches, les réalisations et les succès. Cela ne signifie pas que le A ne ressent pas d'émotions, mais simplement qu'il est très fermé et contrôlé. Les émotions ne sont pas prises en considération dans leur quête d'avancement ; après tout, le A est, pour ainsi dire, à la porte de départ (le A et le chiffre 1 occupent tous deux la première place dans leur champ d'énergie respectif). Aucune de ces énergies de départ n'est (théoriquement) habituée à se mélanger et à fusionner avec d'autres énergies de manière productive et positive, de sorte que le manque de capacité sociale et interactive qui en résulte est presque prévisible. Cependant, il est assez facile de remédier à la situation pour ceux qui ont un peu d'énergie A : il suffit d'un peu de concentration et d'un moment de réflexion avant d'ouvrir la bouche ou d'agir.C'est une vibration forte qui contient un profond réservoir de résilience, de persévérance et de ténacité Ils sont également très instinctifs ; ils écoutent la voix intérieure qui guide la survie, mais sont peu enclins à reconnaître ouvertement le mystère de l'intuition.

Dans le pire des cas, A peut également être interprété comme une force pure, comme un abus de pouvoir ou de contrôle. Parce que le A est une force si puissante en soi, les personnes qui ont des niveaux élevés de cette énergie dans leur nom peuvent se trouver aux deux extrémités du spectre : en tant que donneur ou receveur. En d'autres termes, une personne portant un A dans son nom peut être à la fois l'abusé et l'abuseur. Aucune autre lettre de l'alphabet n'a ce potentiel, et c'est simplement dû au fait que le A est le point d'entrée initial pour toute l'énergie qui suivra : le A ouvre la voie, donc son potentiel de force excessive est souligné. Au mieux, le A représentera une personne motivée, concentrée, équilibrée, progressiste à la fois matériellement et spirituellement, ouverte aux nouvelles idées et admirable dans son désir de réussir.

Descriptions traditionnelles

Les descriptions typiques d'une énergie A moyenne sont : original, ambitieux, déterminé, concentré, motivé, créatif, progressif, énergique et curieux. Une énergie 1 extrême peut créer des personnalités égocentriques, insensibles, sans tact, vaniteuses, agressives, abusives, cruelles, critiques et orgueilleuses.

Jalons

Les mots suivants contiennent tous une force originelle dans leur première lettre : Alphabet, Astrologie, Air, Vivant, Colère, Ancêtre, Ambition, Agressivité, Acteur, Artiste et Atomique.

En tant que phase énergétique actuelle

Cette période d'un an est marquée par de nouveaux départs. Il peut s'agir d'une promotion, d'un emploi, d'un nouveau projet passionnant, d'un retour à l'école ou simplement d'un sentiment d'identité fort et d'une connaissance de ce que vous voulez ou de ce dont vous avez besoin dans la vie. Il ne s'agit pas d'un début émotionnel, mais d'un début logique, pratique ou éducatif. Il peut également s'avérer nécessaire de faire très attention à qui ou à quoi l'on s'associe, car ces liens peuvent avoir des répercussions négatives, surtout si l'on ne tient pas compte de son intuition.

B (valeur de 2) : Mélange et liaison

B désigne le lieu de naissance, c'est-à-dire un endroit caché où bouillonnent des énergies invisibles : paroles non exprimées, pensées, idées, projets. C'est un lieu de germination, de gestation et, enfin, d'expulsion. Le cerveau en est un parfait exemple. Une idée se matérialise, se concrétise en un plan et se manifeste par une action. (Quelqu'un décide de construire une nouvelle maison. L'idée se concrétise par un dessin sur papier, qui est ensuite remis à l'architecte et enfin au constructeur. Une pensée a conduit à la construction de quelque chose que nous pouvons toucher et percevoir comme réel). Le B indique également l'équilibre : ce qui est en haut est en bas. (La maison doit être équilibrée et ses chiffres corrects ; si les degrés ou les angles sont erronés, même légèrement, elle risque de s'effondrer). Comme la façade d'une maison, les B ont tendance à présenter une façade particulière : on ne sait pas exactement ce qui se passe réellement à l'intérieur du bâtiment, ou dans le ventre d'une femme enceinte (là encore, un processus dans lequel les nombres constituent l'essence de la création, comme les cellules qui se divisent et se multiplient encore et encore jusqu'à ce qu'il y en ait des milliards qui se lient et s'épanouissent jusqu'à ce qu'un enfant soit complètement formé).

B est calme, paisible, domestique, aimable et chaleureux. Il est convenablement gouverné par le chiffre 2, qui représente la dualité : deux côtés ou caractéristiques d'un objet ou d'un sujet. Dans ce cas, l'intérieur contre l'extérieur ou l'un contre l'autre. Étant donné que les émotions tendres et souvent frustrantes du B moyen sont retenues à l'intérieur et nécessitent une énorme confiance pour être partagées, on peut s'attendre à des explosions régulières, pas nécessairement de colère, bien que cela puisse certainement se produire si le B ne se sent pas apprécié, considéré comme acquis ou utilisé. Le B recherche des relations heureuses et bénies, ce qui peut conduire le B aveugle à des relations extrêmement intenses, voire obsessionnelles. L'impulsivité peut intervenir ou interférer dans un mode de vie par ailleurs serein. En d'autres termes, le B est plutôt réticent par nature, de sorte que les chances que la digue se brise ou soit rompue ne sont pas inimaginables.

Celui qui porte le B comme pierre angulaire doit apprendre à exprimer des vérités émotionnelles et à exprimer des opinions, une leçon difficile car le B est avant tout un pacificateur et hésitera donc à introduire des éléments susceptibles de provoquer des conflits ou des tensions. Souvent, le B supportera les choses juste pour éviter la confrontation, qui arrivera de toute façon. Une fois la patience du B mise à l'épreuve, il faut se préparer à fuir car un B explosif n'est pas beau à voir. Mais comme l'objectif principal du B est l'équilibre et la création de liens, ces explosions passent rapidement. Une fois que les émotions ont été exprimées et que la colère a été évacuée, le B se réaffirme dans son rôle de pacificateur.

Descriptions traditionnelles

Les descriptions typiques de B sont : domestique, équilibré, doux, serviable, concerné, loyal et affectueux. Les traits moins positifs sont : secret, réservé, manque de communication, impulsivité, explosivité et émotivité excessive/exigence.

Jalons

Les mots suivants indiquent tous une qualité intérieure ou cachée : Baby, Body, Belief, Biology et Bubble, ou une explosion extérieure comme Birth, Boom, Bang, Bomb et Burp.

En tant que phase énergétique actuelle

Au cours de cette période de deux ans, l'accent est mis sur le domaine des relations, bien que l'énergie B puisse se référer à la fois aux unions et aux séparations. Le point principal est la dualité : soit le B n'est plus seul, soit il l'est à nouveau. Cela peut se manifester par le mariage, le divorce, la formation de partenariats commerciaux, l'adhésion à des clubs : tout ce qui a trait à plus d'une personne et qui est nouveau sur le chemin de la vie.

C (valeur de 3) : Communication

Ah, la bouche ouverte ! Parmi de nombreuses autres qualités ou caractéristiques, la principale signification traditionnelle du C est la communication sous toutes ses formes, la plus évidente et la plus facilement accessible étant la bouche. Le C est une grande bouche ouverte et il est le créateur de toutes les formes de communication, qu'il s'agisse de mots qui sortent, ou de créations qui sortent sous forme de peinture, de chant, de sculpture ou de danse - tout ce qui exprime ce qui est à l'intérieur de nous. Le C est un gigantesque canal de magie, de divertissement et d'activité et, parce qu'il est régi par le chiffre 3, qui est toujours actif, le C a tendance à dire ce qu'il a à l'esprit (ou sur la langue) sans trop d'hésitation ; par conséquent, le C est connu pour son honnêteté ou sa façon directe de parler. Ce trait de caractère peut facilement offenser les autres, ce qui déconcerte le C, qui croit sincèrement qu'il dit la vérité pour le bien des autres. Le cerveau et la bouche semblent être directement connectés et fonctionnent parfois sans filtre : ce qui est pensé est prononcé presque aussi rapidement. Le C étant également très créatif, le succès peut venir de la combinaison des mots et de l'art. Le C réagit aussi immédiatement et naturellement à tout ce qui est beau et préfère se présenter sous son meilleur jour et s'entourer d'objets ou d'énergies qui contiennent et reflètent la beauté et la créativité. La beauté de l'argent et le pouvoir qu'il détient font également partie des attracteurs du C, tout comme l'appel à voyager et à voir (C) autant de beauté que possible.

La conversation C crée de grands enseignants, des parents et des individus orientés vers la communauté. Certains sont mémorables parce qu'ils portent l'art de la communication, qui peut être traduit par la musique, l'art, la magie, le théâtre ou tout autre divertissement, à un tout autre niveau : Criss Angel (illusionniste), Edgar Cayce (prophète), John Cleese (acteur), Julia Child (chef cuisinier) et Confucius (philosophe chinois) n'en sont que quelques exemples.

Unbound C rappelle le dicton "loose lips sink ships", ce qui est ma façon délicate de dire que, bien que le C ne soit rien si ce n'est brutalement honnête, il peut aussi être enclin aux commérages. Le C est comme l'enfant de l'alphabet : il dit sa vérité et s'en va jouer. Le C est innocent ; il réagit à la douceur, à la vérité et à la créativité, et aime tout ce qui reflète cette innocence et cette beauté.

C aime aussi manger. Après tout, c'est une bouche ouverte.

Descriptions traditionnelles

Les descriptions typiques attribuées à C sont : communicatif, créatif, honnête, équilibré, adaptable, actif et charmant. Parmi les traits plus négatifs, citons l'autoritarisme, l'argumentation, le franc-parler ou l'impolitesse, la dissimulation, l'entêtement et l'insensibilité.

Jalons

Les mots suivants suivent toutes les lignes de communication : Appel, Conversation, Pleurer, Chanter, Chœur, Critique, Confession, Caméra et Ordinateur.

En tant que phase énergétique actuelle

Cela se traduit par une période de trois ans de créativité et de communication et peut prendre la forme de la naissance d'une nouvelle vie (un enfant, par exemple) ou du lancement d'un projet créatif/intellectuel. L'accent est mis sur le partage vocal ; parfois, il s'agit d'un rappel à ne pas trop se donner ou à ne pas trop parler. Certains peuvent rejoindre une chorale, retourner à l'école, commencer à écrire un journal ou prendre des cours de peinture. C'est une période d'activité, de créativité, de communauté et de communication ouverte.

D (valeur de 4) : Porte ouverte ou fermée

D est probablement l'énergie la plus inflexible de l'alphabet, car elle représente une porte fermée. Le défi à relever est celui de l'opposition entre la connaissance et l'action.

et son dilemme est d'ouvrir la porte ou de la laisser fermée. Le D a besoin de voir pour croire, mais comme il est régi par le chiffre 4, très solide et fondateur, il est aussi contre sa nature d'ouvrir et de risquer de s'exposer à l'inconnu ou à la non-invitation. Le désir de voir ce qu'il y a de l'autre côté existe, mais il est difficile pour le D de se libérer de l'essence de son être, donc la porte reste souvent fermée. Il n'est pas trop

Il est difficile d'imaginer qu'au-delà de cette porte, une pièce puisse être morose, confinée et monotone. Le D a besoin d'ouvrir la porte, de laisser entrer la lumière du soleil et de briser la routine. Le D est intelligent mais de tendance scientifique, ce qui expliquerait pourquoi il a besoin de voir, de toucher et d'expérimenter tout ce qui sort de la norme avant de croire, et même alors, il aura d'innombrables explications raisonnables pour expliquer pourquoi cette chose (quelle qu'elle soit) n'est pas possible, ou n'est pas ce qu'elle semble être. Frustrant ? Oh oui, le D peut certainement l'être. En même temps, le D a une capacité admirable (bien qu'agaçante) à discerner les vérités des points de vue opposés ; il est capable de discuter des questions sous différents angles en même temps. Un sens aigu de la logique, de l'honnêteté, des processus de pensée méthodiques et une prise ferme sur la réalité donnent au D l'honneur de pouvoir voir les deux côtés simultanément et chacun avec la même clarté. Ces qualités font du D un excellent employé ou manager/propriétaire et l'influence du 4, fiable et travailleur, cimente l'affaire.

En raison de sa résistance au changement en général, D peut également avoir du mal à consulter un médecin lorsque des symptômes physiques apparaissent et peut donc souffrir d'inconfort D, ou de problèmes de santé persistants et gênants, qui sont généralement le résultat de problèmes émotionnels non résolus (ce qui est vrai pour toutes les personnes qui souffrent d'inconfort D ; quelque chose dans la vie, passé ou présent, n'a pas été remis en question pendant trop longtemps et est devenu toxique sur le plan physique).

Le message principal concernant D est que son principal adversaire est l'ennui. Il doit remettre en question ses limites et explorer l'extérieur de sa porte normalement fermée et sortir, au moins périodiquement, de la routine et de la répétitivité d'un mode de vie et d'un système de croyances plutôt limités.

Le D détient de nombreuses clés mais cherche rarement à savoir quelle clé ouvre quel portail. Le sens profond des limites du D le retient souvent au même endroit, que ce soit théoriquement, physiquement ou les deux à la fois. Deux D ou plus dans un nom révèlent un fort élément d'immobilité, qui peut empêcher le D d'enquêter sur quoi que ce soit d'autre que ses propres intérêts, ce qui est regrettable, puisque la seule chose à laquelle il est "enfermé" est la connaissance. Comme nous l'avons déjà mentionné, le D a besoin de voir avant de croire, mais s'il pouvait voir, il croirait. Tel est le défi pour le D : rester dans l'ignorance de ce qu'il ne peut pas voir, ou s'ouvrir aux révélations significatives qui se trouvent dans différentes "pièces", ou même dans l'étendue du monde qui se trouve juste devant sa porte.

Je dois ajouter que certaines personnes D sont parfaitement heureuses de vivre dans un monde restreint et incontesté : elles se sentent en sécurité. Toute tentative d'élargir leurs horizons ou de les faire sortir de leur zone de sécurité se heurtera à une résistance sans précédent. L'entêtement est l'un des meilleurs attributs de l'énergie D qui, selon les circonstances, peut être bon ou mauvais.

Descriptions traditionnelles

La sensibilité, la loyauté, la ténacité, l'esprit pratique, l'assiduité, le dévouement, la méthode et l'honnêteté sont quelques-uns des traits de caractère de D. Les traits négatifs de D sont la malhonnêteté, l'entêtement, la méchanceté, l'obsession, le manque d'inspiration, l'inactivité, le pessimisme, l'agitation et l'ennui.

Jalons

Tous ces mots font référence aux portes qui séparent un lieu ou un état d'un autre et comprennent deux côtés ou éléments différents : Mort, Divorce, Maladie, Rêve, Prison, Profond, Lointain, Diviseur, Double, Diable et Muet.

En tant que phase énergétique actuelle

Cette période de quatre ans est la clé du progrès et de la croissance. Des opportunités se présentent, des secrets sont révélés, des mystères sont élucidés et la norme est remise en question. Au cours de cette période, le D a la possibilité d'acquérir des connaissances, d'essayer de nouvelles choses et de déployer ses ailes. D'un autre côté, la tendance à l'entêtement s'intensifie lorsque le D se retranche derrière ses talons et résiste dogmatiquement à tout ce qui est nouveau, unique et/ou orienté vers l'esprit. Il peut aussi s'agir, plus banalement, d'une période de travail acharné, un type d'énergie qui pose les fondations d'une entreprise, d'un foyer ou même d'une relation.

E (valeur de 5) : L'énergie sous toutes ses formes

Alors que D est l'une des énergies les plus immobiles, E est la plus énergique. Elle est traditionnellement gouvernée par l'enthousiasme et contient de l'énergie pure ouverte à l'expansion. Son lien avec l'énergie est évident dans la relation E=mc2, la théorie d'Einstein selon laquelle la matière et l'énergie sont en fait la même chose. C'est également la base mathématique de la première bombe atomique. La règle de E est le chiffre 5, qui fait référence à la liberté, à la communication, à l'indépendance, à l'autorité, aux sens et au changement. Si vous regardez la structure actuelle du E, il s'étend vers l'avant avec trois membres : le bras supérieur représente le cerveau, le bras du milieu l'âme/le cœur et le bras inférieur l'action physique. C'est la lettre la plus avancée de l'alphabet, ce qui signifie que son énergie est tournée vers l'avenir. La personnalité E, c'est aussi l'impulsivité à son meilleur, et elle s'engage souvent complètement et entièrement dans des causes diverses (et peut-être discutables), parfois sans réflexion ou considération suffisante. Ils sont réceptifs à tout et, en tant que tel, le E est gouverné par une bouche, un cœur et un esprit ouverts, ce qui nous amène au point suivant.

E est susceptible d'adopter un comportement excessif lorsqu'il s'agit de ses sensibilités sensorielles, et c'est là que réside un avertissement concernant l'indulgence potentielle à l'égard de tout ce qui nourrit ces sens - qu'il s'agisse de nourriture, d'alcool, de drogues, d'un trop grand nombre de partenaires sexuels, et/ou de la prise de risques inutiles afin de satisfaire des envies d'excitation et de stimulation. Tout est contenu dans l'E : le bon, le mauvais et l'entre-deux. Un exemple de ce concept de E contenant tout se trouve dans le mot et l'idée de notre mère la Terre. Elle est tout. Sans elle, nous ne sommes rien, nous cessons d'exister.

Un E moyen sera un chanteur, un orateur, un enseignant, un étudiant fantastique (souvent intéressé par l'occulte ou l'inhabituel), un leader, un politicien ou un acteur, et il est extraordinairement progressiste et curieux. Plus il y a de valeurs 5 et/ou d'énergie E dans un nom, plus son détenteur est susceptible d'être attiré par des éléments inhabituels et des stimuli extrêmes, aventureux et sensuels ou "des sens". Les E débridés et multiples peuvent facilement être dépassés par leur propre quête d'excitation, ce qui peut se traduire par

des énergies nerveuses ou dispersées, des accès de colère, de l'agitation et un manque de concentration sur des questions fondamentales telles que les relations. Un E pur peut devenir exigeant et fatigant. Ce type d'énergie extrême est difficile à éteindre : c'est le moulin à paroles, le violoniste nerveux, la personnalité qui rebondit sur les murs. Parfois, surtout lorsqu'il est excité, le E est une énergie qui peut être difficile à gérer pendant de longues périodes. Heureusement, le E est généralement adouci ou atténué par les lettres qui l'entourent. En général. Sinon, préparez-vous à faire face à un extraverti exceptionnellement anxieux qui pourrait vous vider comme l'eau d'une baignoire.

La manifestation normale du E est une personne qui ne porte pas de jugement, qui soutient les autres, qui est facile à vivre et qui est généralement très sensible aux dimensions profondes des sens, comme entendre les instruments individuels d'un groupe, voir un visage dans une peinture abstraite, sentir chaque fil d'un tissu de soie, sentir la mer dans le vent et goûter l'essence d'une seule feuille de laurier dans une sauce à spaghetti, et qui est aussi naturellement réceptive au sixième sens, ou à l'intuition. Le E moyen est généralement heureux, car cette énergie est consciente des possibilités de la vie et sait que les opportunités abondent, attendant d'être découvertes.

Enfin, le E est très affectueux, capricieux, aimant et orienté vers la sensualité. Le E est également un partenaire intime potentiellement excitant ; le E met l'exotisme et l'érotisme dans le sEx.

Descriptions traditionnelles
Les descriptions typiques attribuées à E sont les suivantes : énergique, enthousiaste, positif, curieux, ouvert, social, actif, sensuel et

aventureux. D'un autre côté, E peut aussi devenir négligent, dépendant, autoritaire, déconcentré, irritable, agité et égocentrique.

Pierres angulaires

Voici une belle série d'exemples de Cornerstone... le E s'exprime sans effort : Energy, Impatience, Enthusiasm, Extension, Electricity, Excite, Exotic, Excess, Euphoria, Explode, Evil, Aeon, Era... la liste est presque infinie.

En tant que phase énergétique actuelle

Le règne quinquennal de E offre de nombreuses options. Il peut devenir une période où l'on s'adonne aux sens (peut-être de façon négative, comme dans les addictions) ou l'on recherche l'indépendance et la liberté. Sous cette influence, la personne E/5 peut souvent se trouver entraînée dans une suite d'événements, choisis ou non. Cela peut représenter une période instable et en constante évolution dans les relations, le travail, la maison et la vie en général. En revanche, si le E suit un A, par exemple, il peut être le signe d'un nouveau projet, d'un nouveau travail, d'une nouvelle relation ou d'un nouveau "début" et de l'excitation qui l'accompagne. Le E est synonyme d'excitation, de voyages, de nouvelles entreprises, de succès, de nouveaux visages et de nouveaux lieux, et son énergie est tout sauf ennuyeuse.

F (valeur de 8) : Famille et puissance cérébrale

Le F possède une énergie semblable à celle du E, sans l'action progressive des pieds ou de l'extension inférieure. Sans les pieds, le F a tendance à tomber au sol s'il va à l'encontre de sa nature fondamentale et cherche à s'échapper, par exemple. Il est fiable et tourné vers l'avenir, mais plutôt figé.

La personnalité F est gouvernée par ses ondes cérébrales logiques et sa bouche (comme la E, cette énergie est ouverte dans la région de la tête). Dire que le F est gouverné par des processus de pensée intellectuellement supérieurs reviendrait à dire que les canards aiment l'eau. Le F est une lettre posée et autoritaire, ce qui est approprié puisqu'il est gouverné par le 8, qu'il contrôle habituellement. C'est une énergie solitaire, non active et, par conséquent, elle a besoin d'un environnement calme et tranquille pour réfléchir et se reposer. Bien que le choix du F soit d'exprimer ou de ne pas exprimer, il ne révélera pas facilement ses pensées les plus profondes ; mais lorsqu'il est motivé pour parler, il partagera invariablement quelque chose de valeur et l'exprimera avec éloquence et parfois avec force. Leurs opinions sont arrêtées et, lorsqu'elles sont en colère, leur choix de mots est féroce et raffiné, rapide et furieux, et varie de franc à définitif. La valeur de soutien numérique de 8 donne au F son apparence sévère, souvent inflexible, qu'il utilise pour maintenir son étrange penchant pour les périodes de silence pendant qu'il examine tous les points de vue ou toutes les informations disponibles sur un sujet ou une situation donné(e). Étant, comme nous l'avons dit, influencé par les énergies résiduelles de E, le F peut parfois exploser vocalement à une vitesse telle qu'il fait trembler les murs et les genoux, mais ses aboiements sont pires que ses morsures. Tout en ayant plus de maîtrise de soi que le E, le F est aussi une lettre-énergie vocale rapide, fluide et allant de l'avant, qui peut souvent être très drôle.

Le F est un parent solide, un bon enseignant, un avocat, un médecin, un chercheur, un scientifique, ou tout ce qui a trait à l'utilisation nécessaire de l'intellect pour formuler des conclusions et les partager avec d'autres. La responsabilité, la loyauté et la force d'âme font partie des Traditions qui le guident. Le F ferait donc un bon époux ou une bonne figure parentale.

Descriptions traditionnelles

Les descriptions typiques de F sont les suivantes : intellectuel, responsable, loyal, digne de confiance, plein d'esprit, expressif, domestique, contrôlé et calme. Parmi les qualités plus négatives, on peut citer : impersonnel, impulsif, avec des opinions tranchées, critique, jugeant, inflexible, argumentatif et coléreux.

Pierres angulaires

Les mots suivants font tous référence à des processus de pensée ouverts et fluides et aux aspects les plus solides des modèles énergétiques établis : Rapide, Fantastique, Furieux, Féroce, Foi, Fertile, Amitié, Famille, Père et Fédération.

En tant que phase énergétique actuelle

F couvre une période de huit ans pendant laquelle on peut être sous le contrôle d'un père, d'un parent, d'un patron ou d'une figure d'autorité, ou on peut être ce père, ce parent, ce patron ou cette figure d'autorité. Elle peut aussi apparaître comme une phase d'apprentissage, d'études et/ou de prise de responsabilités familiales ou professionnelles. C'est une énergie plutôt rigide qui peut être allégée par l'expression vocale, mais c'est un choix que seul le F peut faire. Par conséquent, le F est généralement silencieux ou bavard, morose ou drôle, ou peut alterner entre les deux.

G (Valeur de 3) : Gardien des secrets

G est similaire à C, sauf que la communication ouverte de C a maintenant une "main" qui couvre la bouche, bloquant effectivement l'expression des pensées et des émotions intérieures ; c'est une énergie protectrice, secrète et silencieuse. En raison de l'énergie de la valeur active 3 qui soutient le G, cette personne peut sembler extrêmement active physiquement et/ou mentalement, impliquée, extravertie et sociale, alors qu'elle est en réalité plutôt calme et timide. Le G est connu pour fuir les situations difficiles (ce qui peut être à l'origine de problèmes d'estime de soi et de confiance), ignorer les problèmes, réagir de manière impulsive et essayer d'éviter de s'impliquer dans des situations qui pourraient nécessiter une certaine vulnérabilité ou une révélation honnête. Cependant, pour ne pas dépeindre un tableau sombre, le G se replie sur lui-même ; il est engagé dans une recherche intérieure, un équilibre entre le corps, l'âme et l'esprit. Il est spirituel, à la recherche de lui-même, analytique, autocritique, profondément réfléchi. La présence d'un G dans un nom, en particulier comme pierre angulaire, indique souvent une situation négative passée ou présente, telle qu'une forme d'abus ou même un secret qui peut amener le G à se retirer, à se replier ou à se retenir. (L'intériorité du G, sa rétention et sa protection peuvent conduire et conduisent effectivement à une toxicité émotionnelle et à un malaise qui renvoient souvent aux blessures qui ont causé le retrait en premier lieu. Le G craint d'être exposé et fera tout pour éviter d'être découvert. Ses cachotteries peuvent aller de la simple timidité à la dissimulation délibérée de quelque chose qui le fait se sentir différent (être homosexuel ou se sentir "geek", par exemple) et qu'il porte en lui depuis ses années de formation.

Le G est sensible, a de bonnes intentions, est très introspectif et est généralement de nature calme et douce. Il est difficile de connaître un vrai G, car il peut être superficiel, ce qui signifie qu'il y a beaucoup plus à l'intérieur qu'il n'y paraît à l'extérieur.

Une autre possibilité pour G n'est pas aussi agréable. Elle peut faire référence à une énergie qui n'est tout simplement pas fiable. Le secret se transforme en tromperie, la prudence devient sournoise et la gentillesse manque de sincérité. Ce type d'énergie G manifestement négative cache sa véritable personnalité et ses motivations, ment facilement et se concentre uniquement sur son propre gain et son propre progrès. Il existe de nombreux types d'énergie G de ce type, mais la plupart d'entre eux, heureusement, appartiennent davantage à la première description qu'à la seconde.

Outre les lettres environnantes, les influences numériques et votre sens intuitif, une façon de les distinguer est que le G positif vous fera souvent des câlins spontanés ou partagera quelque chose de personnel avec vous au moment où vous vous y attendrez le moins.

Descriptions traditionnelles

Les descriptions typiques du G moyen incluent la gentillesse, la sociabilité, le calme, la bienveillance, la spiritualité, la recherche, l'activité, la réflexion, le charme et la serviabilité. Les manifestations plus négatives de l'essence G comprennent la méfiance, l'idéalisme excessif, l'antisocialité, l'humeur changeante, l'irrationalité et la manipulation.

Jalons

Les mots suivants illustrent tous des types d'énergies cachées ou intérieures : Dieu, Fantôme, Parti, Gravité, Rancune, Intestin, Gourmandise, Gorge, Joueur, Cupidité et Gaz.

En tant que phase énergétique actuelle

Le cycle triennal de G peut se manifester comme une période pendant laquelle les secrets sont gardés, par choix ou par nécessité. Il peut également s'agir d'une période au cours de laquelle des secrets sont révélés, également par choix ou par nécessité, bien que dans ce cas, une tierce personne puisse jouer un rôle. Une relation clandestine, un événement ou une habitude (dépendance ou abus) peuvent entrer dans les deux catégories. L'énergie G peut également représenter un moment de recherche de l'âme, d'éveil spirituel ou de guérison après une opération chirurgicale, un divorce, un décès ou tout autre type de traumatisme.

H (valeur de 5) : Échelle de l'espoir

Alors que la lettre H est parfois représentée comme une fenêtre ouverte ou fermée, je préfère le symbole alternatif de l'échelle, qui vous mènera au paradis ou à l'enfer. C'est une lettre puissante, ou une échelle, qui offre le choix d'atteindre les étoiles et le succès ou de sombrer dans le monde souterrain de la négativité, de la morosité, des comportements toxiques et des habitudes ou croyances néfastes. Le pire scénario pour le H d'en bas est la dépendance et les tendances autodestructrices. Apaisé par le 5, qui recherche la liberté, l'indépendance, le changement et la stimulation sensorielle, le H est sensible à la curiosité pour le monde des sens et entreprend souvent un voyage, parfois dans l'espoir de s'échapper, vers le bas, où il reste, ou se cache, jusqu'à ce qu'il décide d'essayer de remonter des profondeurs. Le choix du H n'est évidemment pas difficile à faire. Il s'agit de grimper. Grimper et continuer à grimper jusqu'à ce qu'il y ait le plus de distance possible entre la base de l'échelle et eux-mêmes.

Je connais très bien cette lettre puisque mon prénom est Heather. J'ai descendu l'échelle ; je connais les planchers froids et durs du sous-sol ; cependant, j'ai deux valeurs H dans mon nom et l'un de mes voyages à travers sa phase énergétique m'a finalement permis d'atteindre les barreaux. Je ne dirai pas que le voyage s'est déroulé sans accrocs, mais j'ai finalement atteint les premiers échelons de mon échelle et je continue à grimper. D'ici, je peux presque voir le Paradis.

H/5 parle de succès et d'échec. Il s'agit des hauts et des bas de la vie et de ce que le H est capable de supporter pendant le trajet. En tant que pierre angulaire, le H sera le reflet d'une personne qui abandonne ou d'une personne qui, si nécessaire, se battra à plusieurs reprises et s'efforcera d'obtenir ce qu'elle veut. S'il progresse sur l'échelle, le H peut devenir spirituellement éclairé, sage, respecté, aimé et couronné de succès.

Ce qui est à la disposition de H est l'épanouissement, le succès et le statut. Ce qui est à la disposition de H, c'est aussi l'échec, la dépendance et la perte.

159

Il s'agit en fait d'un choix entre le Paradis et l'Enfer, auquel toute l'humanité est confrontée.

Le H équilibré est sympathique, agréable à côtoyer, assez intelligent, apprécie la liberté et l'indépendance et assimile les changements et les expériences avec une relative facilité. Un H qui se passionne pour quelque chose et qui surmonte les tentations au bas de l'échelle est parfaitement capable de gravir les échelons et d'acquérir des richesses spirituelles et matérielles. Le H a également un merveilleux sens de l'humour, est attentionné et empathique et a un faible pour la bonne musique, la nourriture, la boisson et l'art sous toutes ses formes. Le cœur du H n'est pas facile à atteindre. Cependant, lorsque le H tombe (descend l'échelle ?) en amour, il le fait lourdement et chaleureusement, et souvent sans espoir. Le H est le type de personne qui porte un flambeau pendant des années, même après que l'être aimé a disparu.

Le H est gouverné par les sens et est sensible aux blessures, aux insécurités et aux émotions fortes. Si quelqu'un devait ébranler l'échelle au point qu'elle perde son emprise, pour ainsi dire, le risque de dépression, de recul et d'inversion du terrain gagné est toujours possible. Possible mais probablement pas durable, car H construit et entretient des amitiés solides et est rarement sans soutien et encouragement.

L'une des significations originelles du symbole H est celle de "cultivateur du champ de la croissance spirituelle", et son instinct est de construire une base solide sur laquelle appuyer son échelle. Le H, presque inconsciemment, fera exactement cela au cours de sa vie, surtout s'il s'agit d'une pierre angulaire, avec pour résultat qu'une fois qu'il s'est embarqué dans son voyage, il ne s'arrêtera que rarement pour longtemps. Le tout est de continuer à avancer, à grimper et à ne pas succomber à l'inertie causée par les désillusions et les déceptions.

Descriptions traditionnelles

Les descriptions typiques du H sont : indépendant, réservé, serviable, compatissant, intuitif, spirituel, sociable et plein d'esprit. Les aspects les plus sombres du H peuvent être la dépression, le manque de motivation, l'absence d'objectifs, la tendance à la dépendance, l'irresponsabilité, l'arrogance et l'entêtement.

Jalons

L'énergie de cette lettre parle clairement de ses essences : soit elle est en haut, soit elle est en bas, soit elle est composée de deux éléments opposés, comme le montrent les mots suivants : Haut, Hauteur, Ciel, Espoir, Hélicoptère, Hémisphère, Harmonie, Heureux, Danger, Haine, Hystérie, Chaleur, Dommage, Blessure et Enfer.

En tant que phase énergétique actuelle

La phase quinquennale de H implique plusieurs choix de vie importants qui ont un impact sur tous les domaines de la vie du titulaire du nom. Le choix essentiel est simple, mais difficile à faire. Il concerne principalement l'aspect spirituel et se concentre sur les questions relatives aux valeurs personnelles et aux systèmes de croyance : il y a là un chaos émotionnel potentiellement grave et le défi consiste à trouver la force de le surmonter et de s'en relever. L'espoir triomphe de l'humiliation, la guérison de la douleur. C'est choisir le positif plutôt que le négatif : c'est "aller de l'avant" plutôt que de s'installer ; c'est avoir la foi plutôt que de prendre un autre verre, un beignet ou une pilule. C'est accepter ou rejeter le défi. C'est tenir bon quand vos bras sont si fatigués qu'ils ressemblent à des chapelets de pâtes cuites. C'est le moment de prendre le risque du côté positif. Respirez profondément, posez vos pieds sur le sol et essayez de faire un pas après l'autre. Si vous avez le vertige, ayez confiance. Vous ne tomberez pas, et même si vous tombez, Dieu vous rattrapera.

I (Valeur de 1) : Intuition ou don de Dieu

C'est le symbole de l'être humain dans les peintures originales et anciennes. C'est la façon dont nous nous désignons nous-mêmes en tant qu'êtres, mais sa référence spécifique est la communication connective (Intuition) entre Dieu et l'homme, mais c'est aussi la séparation entre les deux : il parle de l'ego de l'homme comme dans "je veux" et "j'ai besoin". Son énergie est à la fois personnelle et collective, comme dans Include.

J'ai le plus grand respect pour cette lettre particulière, car elle représente l'unification authentique de tous à une puissance supérieure. Le I représente le don d'intuition, qui se manifeste par un "sentiment instinctif" ou la phrase "Je savais que cela arriverait". En général, le sujet a eu un mauvais pressentiment à propos de quelque chose ou de quelqu'un, mais a ignoré son intuition à plusieurs reprises. Je l'assimile à un téléphone. Un petit, tout petit téléphone rouge qui se trouve au milieu de mon estomac et d'où part un mince câble rouge qui monte inexorablement, sans fin, vers le ciel. À l'autre bout du fil, il y a mon Créateur. Ou mon "papa" universel. Il est mon protecteur et mon conseiller et m'appelle quand quelque chose ne va pas. Mon téléphone sonne et produit une "sensation étrange". Cette sensation peut également être ressentie d'une autre manière, mais quelle que soit la façon dont elle se manifeste, elle sonne l'heure de vous communiquer des informations importantes. Je considère l'intuition principalement comme un système d'alarme, même si elle peut vous guider vers des choses incroyablement positives.

Régie par l'imparable chiffre 1, cette lettre équivaut à une très forte énergie intuitive (même le mot qui définit cette énergie comporte trois "Is" dans sa forme, dont l'un est "Cornerstone") et est ouverte aux nouvelles idées, progressive dans la pensée et l'action, intelligente, spirituelle et objective. Ceux qui ont plusieurs de ces lettres dans leur nom peuvent être des artistes talentueux, des musiciens, des paroliers, des leaders spirituels, des prêtres, des travailleurs sociaux ou des thérapeutes. (Avez-vous remarqué toutes les valeurs I dans les professions que je viens d'énumérer ?)

Alors que le chiffre 1 est centré sur lui-même, sur sa propre survie et son propre profit, la lettre I est un monde à part en ce sens qu'elle parle de spiritualité. Elle est liée à la reproduction, à la création, à Dieu et à l'homme, et son but ultime est de rallumer l'étincelle de la bougie qui nous ramène à la maison : pensez à la bougie de la fenêtre, qui guide tout le monde vers la sécurité, et la sécurité se trouve dans la conscience spirituelle. Le I/1 représente l'éveil, la prise de conscience que l'existence de l'homme comporte plus de choses que l'homme ne le pense. Cette prise de conscience est soulignée par l'énergie de la force originelle du chiffre 1.

Descriptions traditionnelles

Les descripteurs typiques liés à l'ego comprennent l'originalité, l'ouverture d'esprit, l'accessibilité, la créativité, l'intellect, l'altruisme et l'intuitivité, tandis que le côté plus négatif peut apparaître comme impatient, égocentrique, égoïste, fermé d'esprit et avec une mentalité de "ça passe ou ça casse".

Jalons

Les mots suivants représentent quelque chose qui commence ou provient de l'intérieur : imagination, instinct, intuition, illusion, immunité, allumage, intelligence et intellect.

En tant que phase énergétique actuelle

La période d'un an de la lettre I est une période très chargée d'activité intuitive accrue. C'est le moment et l'occasion d'écouter ses propres sentiments. Les rêves peuvent devenir plus forts et un sentiment de déjà-vu peut se manifester.

Il se peut qu'il y ait quelque chose d'important, une sorte de message qui tente de se faire connaître, mais il s'agit certainement d'un signal d'alarme destiné à éveiller votre connaissance intérieure ou votre sixième sens.

J (valeur de 1) : jugement

Voici l'une des lettres les plus directes et parfois les plus dures de notre alphabet. Elle est plutôt directe dans son message ; elle s'accroche au passé comme point de référence pour son avenir, comme le montre facilement sa structure esthétique : sa jambe inférieure penche vers le passé. Pour cette raison, les J (surtout s'ils sont trouvés en tant que pierres angulaires) ont souvent eu une expérience plutôt destructrice ou, à tout le moins, plutôt négative à un moment donné de leur vie et passent beaucoup de temps et d'énergie à se souvenir de l'événement ou de l'occurrence en question ou à essayer de le supprimer. Le J a tendance à vivre dans le passé ou, du moins, a du mal à vivre pleinement le présent. Les subtilités, les mots désobligeants ou les critiques réelles ou imaginaires ne sont pas vite oubliés : le J n'est pas du genre à pardonner et à oublier si facilement. Il peut dire qu'il le fait, mais la vérité intérieure est autre.

Le J est le jury de vos pairs, le juge de vos pires rêves et le geôlier de vos pires cauchemars. Le J extrêmement négatif est capable de retenir sa colère intérieure et de la justifier pendant longtemps. D'un autre côté, il peut aussi être juste et équilibré en pesant les actions contre les réactions et les causes contre les effets, car le J apprend de ses expériences passées. Le J tente alors de se protéger contre la répétition de situations indésirables.

Le J est valorisé par le chiffre 1, il est donc très autonome, capable de survivre par ses propres moyens, centré sur son ego, et demandera ou acceptera rarement de l'aide, même s'il en a besoin. N'étant pas naturellement démonstratif, le J semble peu émotif (bien qu'il manifeste de l'affection par ses actions) et maître de lui-même et de sa situation. Cette combinaison aide les énergies J à devenir des leaders naturels, des figures d'autorité et des personnes en position de contrôle.

L'énergie J crée en effet de bons juges, jurés, avocats ou tout autre membre du système judiciaire. Ils sont également de bons enseignants, médecins, politiciens, banquiers ou courtiers. Les J aiment toujours avoir le contrôle d'eux-mêmes et sont presque incapables de laisser transparaître leurs vrais sentiments et leurs insécurités, en particulier dans les situations sociales. Ce sont des acteurs exceptionnels qui jouent rarement leur propre rôle. La leçon du J est de combiner le passé et le présent, ou d'apprendre des leçons puis de laisser tomber le passé.

Bien sûr, l'intensité du J est influencée par les énergies, ou lettres, qui l'entourent et est souvent fournie par les énergies environnantes. Ces énergies environnantes donnent souvent au J une chance d'être objectif à propos de ses expériences et, avec un peu de chance, un sens de l'humour a une chance de se développer. Bien qu'il y ait certainement des énergies J dont le sens de l'identité est tempéré par des énergies plus douces, ils resteront toujours fidèles à un certain niveau aux caractéristiques mentionnées ci-dessus, mais peuvent refléter une disposition joyeuse, exubérante et enjouée qui est parfois une juxtaposition de leur vrai moi.

Descriptions traditionnelles

Le J est généralement concentré, déterminé, efficace, méticuleux, discipliné, logique et autonome. Le côté négatif du J peut produire une personne coincée, réservée, supérieure, critique, jugeante, dure, sans pitié, sans émotion et même cruelle.

Jalons

Les mots suivants ont tous un lien avec l'histoire (ou un point d'origine) : Justice, Jalousie, Juge, Jet, Sauter, Prison, Rejoindre, Jackknife, Jet et Javelot.

En tant que phase énergétique actuelle

Le J couvre une période d'un an au cours de laquelle un élément du passé devient un problème dans le présent. Il peut s'agir d'une personne du passé qui revient avec une affaire inachevée, de souvenirs qui refont surface ou d'un vieux schéma qui réapparaît. Cela peut se manifester par des problèmes dans une relation ou au travail, ou impliquer le système juridique, les avocats et les contrats. Ce n'est généralement pas une période d'amour, mais cela peut impliquer de la colère, de la frustration, de la douleur ou des batailles. C'est aussi, bien sûr, une excellente occasion de croissance personnelle grâce à la connaissance de soi. Bien qu'il puisse être inconfortable de traiter un problème du passé, cela permet également d'ajuster ou de corriger des erreurs de jugement ou d'action antérieures.

K (valeur de 2) : Connaissance kaléidoscopique

Contrairement au J, le K n'a que peu ou pas de rapport avec le passé. Il est ouvert à tout et essaiera tout au moins une fois, car il va de l'avant pour acquérir de nouvelles expériences et de nouvelles connaissances. C'est l'une des significations traditionnelles les plus fortes attribuées au K : l'élan sans fin vers la connaissance de tout ce qui est spirituel, intuitif ou progressif. La structure du K montre un bras tendu vers le haut avec une paume ouverte, ce qui est lié à la fois à l'offre et à la réception de cadeaux. Si vous pensez à un kaléidoscope et visualisez les fragments brillants de couleurs vibrantes qui coulent sans fin d'un dessin à l'autre, vous pouvez avoir une vague idée de l'énergie interne positivement développée du K. C'est une lettre spéciale, contenant son propre élément, presque mystique, qui, lorsqu'on y accède et qu'on l'utilise, est très belle et ésotérique. Parce qu'il est régi par le chiffre 2, le K est facile à vivre, gentil, plein d'idées intéressantes et curieux de presque tout. Le K ne regarde que vers l'avenir, il n'a de lien avec le passé que ce qu'il y a appris, ce qui signifie qu'il n'est pas du genre à garder rancune ou à rester en colère pendant de longues périodes. Au contraire, le K se débarrasse du passé avec une facilité admirable. Il aime la bonne musique parce qu'elle apaise l'âme ; il est compatissant et intéressant à observer parce que K n'est pas une énergie quotidienne typique. Elle peut aussi être une

Une expérience inhabituelle que d'embrasser un K ! Dans le bon sens du terme, je veux dire.

Le K entre dans son pouvoir avec la paume tournée vers le haut, offrant des opportunités et des cadeaux aux autres et les acceptant de la part de l'Univers. Le K est le chercheur spirituel, celui qui a soif de connaissance, comme celle contenue dans la Kundalini éveillée (qui, en sanskrit, désigne le serpent enroulé ou le serpent à la base de la colonne vertébrale humaine - son éveil est censé représenter un état de conscience supérieur). Le K développé suit son chemin naturel, tout comme un roi monte sur le trône. Je dois ajouter que les rois sont connus pour leur extravagance, ce qui illustre l'avertissement lié au

K/2 : attention à ne pas gaspiller des gains inattendus ou à anticiper un gain qui n'est pas encore arrivé et à le dépenser quand même. Il peut être un peu déprimant que les gains mordent la poussière et que le K doive payer l'addition.

En outre, le K est un bon ami, qui propose souvent des solutions uniques aux problèmes, présente des idées extravagantes, aime participer à des événements sociaux plutôt inhabituels et motive les autres à essayer quelque chose de nouveau. Le K peut avoir de nombreux amants, qu'il recherchera jusqu'à ce qu'il trouve la "bonne". Cela peut prendre un certain temps, car le K n'est pas satisfait : il continuera à chercher jusqu'à ce qu'il ait trouvé l'"autre" parfait pour compléter le nombre 2 par lequel il est régi.

Descriptions traditionnelles

K peut être décrit comme expérimental, progressiste, curieux, extraverti, social, généreux, unique, indulgent, adaptable et gentil. Les manifestations les plus négatives sont : inconsidéré, dur, lunatique, sournois, manipulateur, autoritaire, imprévisible et égoïste.

Jalons

Les mots suivants indiquent tous de nouveaux niveaux atteints ou des éléments inhabituels : Karma, Knowledge, Key, Kinetic, Kevlar, Kilowatt, Kinky, King, Kangaroo, Kidnap et Kill.

En tant que phase énergétique actuelle

La période K de deux ans apporte de l'originalité et des étincelles avec de nouveaux concepts, idées, actions, relations, emplois et une myriade d'autres potentiels. L'aspect spirituel de la phase K peut conduire à l'éveil de la Kundalini, ce qui se traduit par de nouvelles perspectives spirituelles, une nouvelle attention à la santé du corps physique et de nouveaux passe-temps et centres d'intérêt. La phase K apporte un rafraîchissement, un sentiment de renouveau et une renaissance de la curiosité et des idées.

L (Valeur de 3) : Main aimante

Le L représente un bras tendu pour aider, assister, motiver, guider et superviser. En hébreu, il est lié au lamed (qui désigne un "aiguillon" qui fait avancer doucement les bœufs, un peu comme un "élévateur") et se réfère à la force vitale et, en particulier, à la procréation de l'espèce. Par conséquent, il régule également l'expression sensuelle et sexuelle et, lorsqu'il est combiné à son influence numérique de 3, l'activité inhérente à L/3 peut conduire l'aspect innocent de L, ou son aspect "recherche d'amour", dans des situations qui ont plus à voir avec la luxure, l'impulsivité ou l'obsession qu'avec l'amour.

Le L est également un 7 inversé, ce qui explique l'intérêt général du L pour la métaphysique et son ouverture au monde psychique. Le L a la ferme conviction ou le sentiment qu'il y a plus dans ce monde que ce que nos yeux voient et il est également très idéaliste, positif, romantique, sensible, compatissant, motivé et joyeux. Les poumons lascifs du L peuvent également se traduire en chansons : plus d'un L occasionnel est un chanteur de garde-robe, de douche ou de voiture, et certains en ont même fait leur carrière (LeAnn Rimes, Lenny Kravitz, Lena Horne et Linda Ronstadt, pour n'en citer que quelques-uns).

Le L développé positivement est une énergie optimiste, il aime aider, tombe amoureux de tout cœur (souvent de façon répétée et impuissante) et est un ami loyal et sincère. Cependant, si vous croisez un L, méfiez-vous. Toute violation de la confiance ou des directives morales ou éthiques est presque impardonnable et vous verrez le L serein disparaître sous vos yeux. Le silence se fera, l'air deviendra froid et du givre apparaîtra dans les yeux du L, aussi épais que le givre sur le pare-brise. Vous resterez dans le froid. La durée dépend de la gravité de la transgression. Heureusement, le L n'est pas rancunier longtemps.

Descriptions traditionnelles
L peut être décrit comme spirituel, aimant, pacifique, compatissant, réceptif, motivant, éloquent, empathique, passionné et serviable. A

L'énergie L négative peut produire une personne obsessionnelle, intrusive, interférente, frustrée, peu sûre d'elle, déprimée et dépendante.

Jalons

Les mots suivants illustrent tous un aspect positif, utile ou aimant : Leader, Advocate, Laser, Learn, Lend, Durable, Light, Praiseworthy, Laugh, Lust, Live et Love.

En tant que phase énergétique actuelle

La période de 3 ans du L est une période d'épanouissement émotionnel ou de souffrance, selon la lettre qui la précède et les énergies qui l'entourent. Le L peut faire référence à l'engagement sentimental, à l'engagement social ou à des régimes d'amélioration personnelle tels que le yoga, le régime alimentaire et l'exercice physique. Le L offre également des opportunités de croissance spirituelle et de formation personnelle, sous la forme d'activités scolaires ou artistiques, de bénévolat pour les moins fortunés ou d'aide et d'assistance d'une manière ou d'une autre. Ce temps est consacré à soi-même, à l'autre, aux autres ou aux trois. C'est une période d'amour sous toutes ses formes.

M (valeur de 4) : Couvercle pour la sourdine

En prolongeant les jambes de ce personnage et en le doublant, on obtient ce qui ressemble à une chaîne de montagnes. Le M montre des montées et des descentes, des hauteurs et des vallées. Il est en haut et en bas, à la surface et dans les profondeurs.

Curieusement, le M est la seule lettre de l'alphabet qui se prononce avec les lèvres jointes ou la bouche fermée. Elle représente ce qui est silencieux, inexprimé, profond ou invisible. Son lien le plus étroit est avec l'eau (c'est un W inversé) ; de nombreuses énergies M aiment la plongée, la natation et la pêche, ou sont amoureuses de H20. Imaginez un ingénieur en robotique marine vivant seul sur une péniche et vous aurez une bonne idée des énergies M. Ces liens avec l'eau, qui gouverne les émotions, et son mutisme inhérent font de l'ouverture émotionnelle une tâche difficile, voire impossible, pour les M forts. En d'autres termes, les M ont des difficultés à exprimer des émotions honnêtes et intimes. Cependant, comme la gestion des émotions est liée à la responsabilité, le chiffre 4, fiable et logique, est une énergie naturelle lorsqu'il s'agit de gérer une entreprise ou un foyer (mariage). Cependant, le M oublie parfois que la nature des deux est complètement différente et, par conséquent, il peut réussir dans l'un et échouer de façon répétée dans l'autre. Le défi pour le M est similaire à celui du D (les deux sont gouvernés par le 4), à savoir s'ouvrir. Dans le cas du M, il s'agit de s'ouvrir émotionnellement. Si le M ne peut ou ne veut pas révéler occasionnellement ses pensées et sentiments intérieurs, ces émotions non exprimées s'accumuleront naturellement, se mettront sous pression et finiront par éclater, surprenant tout le monde autour de lui dans le silence.

Le M est étroitement lié au W en ce sens qu'ils sont des images similaires, bien qu'inversées, l'une de l'autre. La différence entre les deux est que l'énergie du M est centrée sur la vallée à sa base et en son centre, tandis que le point de vue du W se situe au sommet ou au pic de la montagne en son centre. L'un des deux est certainement plus lumineux que l'autre.

M semble être un roc, du moins vu de l'extérieur. Il a le contrôle, il est solide et fiable, et il est attrayant du point de vue d'un partenaire potentiel, que ce soit dans les affaires ou ailleurs. Il y a beaucoup de choses cachées sous l'apparence du M. Considérez qu'un volcan pourrait se trouver à l'intérieur de n'importe quelle montagne que vous voulez regarder ; vous ne pouvez peut-être pas le voir, mais cela ne signifie pas qu'il n'est pas là. Des émotions profondes sont cachées : le M est très intense et profondément vulnérable, ce qui explique pourquoi il se cache - peur du rejet, de l'humiliation et de la douleur. Il s'agit en fait d'une énergie tendre qui, en raison de circonstances passées, a l'habitude de se protéger. Cette impulsion s'étend également à ceux que M aime... cette énergie est l'une des plus fortes dans le domaine de la protection de la famille.

Descriptions traditionnelles

M est généralement considéré comme autoritaire, administratif, intelligent, efficace, déterminé, loyal, domestique et concret. Les caractéristiques négatives peuvent être : le jugement, la condamnation, la défense, la non-communication, la non-coopération, le retrait, l'arrogance, le manque de tact et de critique.

Jalons

Les mots suivants sont tous liés à une activité cachée : Marine, Marais, Montagne, Mariage, Esprit, Magick, Mystique, Masque et Mystère.

En tant que phase énergétique actuelle

La période de quatre ans de M est étrange. Il y a un silence dans l'air, une immobilité. Mais c'est aussi un temps sûr, un temps régi par la logique et la responsabilité. Il peut s'agir d'un mariage, de la formation d'une famille ou de l'acquisition d'un emploi stable (ennuyeux ?), mais qui paie les factures. C'est une période de non-dits, de pensées et de sentiments. J'interprète cette période comme une période de calme et de pragmatisme. Ce n'est pas un mauvais endroit pour être, mais cela nécessiterait une libération après quatre ans.

N (Valeur de 5) : Filtre d'énergie naturelle

Je trouve la lettre N curieuse. Je ne sais pas exactement pourquoi, mais c'est le cas. C'est peut-être l'énergie normale et naturellement équilibrée qu'elle dégage qui semble en contradiction avec sa valeur numérique de 5, qui représente le changement constant, la conscience des sens, la liberté et la communication ouverte. La neutralité et l'équilibre du N sont encore diversifiés par le fait qu'il contient deux 7 joints couchés sur le côté (ce qui le rend extraordinairement intuitif et ouvert aux mystères) et qu'il conserve sa forme exacte lorsqu'il est retourné. Le N est comme une charge électrique : il vient de quelque part et va quelque part. L'énergie du N voyage le long du membre gauche, le long du couloir et dans l'espace, pour ainsi dire. Imaginez les deux jambes saisies et séparées en forme d'éclair, comme pour le Z. Une énergie constante circule directement à travers la lettre, presque en connexion directe avec le mouvement ou l'événement suivant, et pourtant, d'une manière ou d'une autre, elle reste en équilibre. Une chose se transforme en une autre et N s'adapte.

L'un des défis de cette lettre concerne également le monde des sens et la compréhension et l'incorporation de l'intuition, le sens supplémentaire. Étant donné que l'acceptation de ce sixième sens est susceptible de bouleverser le monde des sens perçus, l'objectif principal du N est de maintenir le sens de l'intuition en équilibre, c'est-à-dire normal. Le N répand un baume apaisant sur les vibrations inattendues ou perturbatrices.

La personne N est généralement une personne heureuse. Elle est calme, rationnelle et neutre. Elle est ouverte aux nouvelles expériences et apprécie les personnes et les lieux uniques. Le fait d'être sous l'influence du 5 rend son propriétaire enclin à rechercher l'excitation et à expérimenter le changement, ce qui se traduit par une personne qui aime voyager plutôt que de vivre toute une vie au même endroit. Le signe N change régulièrement d'emploi, de partenaire et de centre d'intérêt, mais il le fait en douceur et avec une certaine grâce. Lorsqu'il s'installe pour un temps, il préfère occuper une position d'autorité (au travail, à la maison ou dans une relation) qui lui permet de se déplacer avec une grande marge de manœuvre. Le signe N convient à presque toutes les carrières, car il est très ductile et s'adapte facilement à de nouvelles situations ; il doit cependant apprendre à accepter la routine quotidienne pour réussir pleinement.

Dans les relations amoureuses, là encore, le N est adaptable et attirera de nombreux prétendants potentiels et aura de bonnes chances d'épouser un partenaire presque parfait. Le N n'est rien si ce n'est équilibré et reconnaît instinctivement son partenaire.

Descriptions traditionnelles

Les descripteurs typiques liés à N sont : calme, équilibré, candide, réceptif, acceptant, aventureux, diplomate, charmant et attirant. Le côté négatif de N peut créer une personne complaisante, irresponsable, dépendante, matérialiste et superficielle.

Jalons

Les mots suivants sont tous liés à un flux d'énergie qui transforme un état d'être ou un lieu en un autre : Node, Nirvana, Neutre, Nude, Nourrir, Nucléaire, Nourrir, Numb et Nerveux.

En tant que phase énergétique actuelle

Les changements abondent, les voyages sont fréquents, les sens sont stimulés, la communication est mise en avant et la liberté est nécessaire ; tout cela exige de maintenir une attitude intérieure calme dans des circonstances peut-être chaotiques. C'est une période d'activité, mais aussi, paradoxalement, d'ajustement tranquille. Les mariages, divorces, reconnaissances publiques, déménagements, naissances d'enfants et d'entreprises, accords conclus ou perdus, décès et autres terminaisons sont tous associés au changement. La phase N semble apporter son ange gardien avec elle, car un sentiment de paix accompagne sa présence tout au long de cette phase, chaotique ou non.

O (valeur de 7) : Ouvert à tous

Le O est si vaste dans ses significations potentielles qu'il est presque impossible d'en exprimer l'ampleur par des mots. Il représente l'œil qui voit tout, ce qui semble être une énergie assez puissante, et fait allusion à la qualité intuitive et spirituelle de cette énergie en lettres sombres.

O fait également référence aux globes oculaires dans notre tête : comment et ce que nous voyons et comment nous l'interprétons. Il fait également référence à l'infini en ce sens qu'il s'agit d'un chiffre qui ajoute de la force à ce qui le précède (par exemple, 3 personnes contre 3 000). Il contient tout et est pourtant vide. Le O est aussi la bouche ouverte et régule ce qui en sort. Il désigne donc aussi le flux verbal, comme parler, chuchoter, crier, toute forme d'oraison et tout ce qui est prononçable ou imprononçable d'ailleurs.

Le O est régi par le chiffre magique 7, qui est axé sur le cerveau et implique un choix entre la science (matérialisme et réalité) et l'étude métaphysique (spiritualité et ésotérisme). Le O a une origine de recherche et peut représenter une ouverture, un portail ou une porte vers une autre dimension ou un autre domaine de compréhension.

Cette énergie peut être victime de frustrations et d'accès de colère pour ne pas avoir pris conscience de l'immensité de ses intérêts et de son potentiel. C'est vraiment la lettre du tout ou rien. L'étendue des valeurs et des possibilités du O en fait une de ces lettres qui est rarement pleinement développée, peut-être partiellement, mais pas complètement. Si vous rencontrez quelqu'un qui a des O dans son nom et dont l'énergie O est même marginalement développée, vous trouverez certaines des caractéristiques suivantes : charmant, adaptable, conversationnel, intelligent, confiant, social, intuitif, investigateur, curieux et agréable à fréquenter. La forme la plus courante de cette énergie, cependant, est davantage axée sur la lutte entre la frustration/l'indignation et l'objectivité : considérez-la comme étant piégée à l'intérieur de l'O, ou à l'extérieur, libre. Livre ouvert : livre fermé. Obturateur ouvert : obturateur fermé (comme l'objectif d'un appareil photo ou la couverture d'une fenêtre). C'est le O.

L'énergie peut ou non passer à travers, une condition très similaire à l'énergie D (porte), mais très, très différente.

Un autre aspect de O est qu'il doit choisir, comme nous l'avons déjà vu dans d'autres lettres : la sensualité contre la croissance spirituelle et la recherche intellectuelle contre la recherche métaphysique. La seule façon pour O de trouver sa voie est de réaliser que l'objectivité et la sagesse sont ses outils les plus précieux. Si cela se produit, le magique se combinera avec le presque tout-puissant pour libérer le pouvoir suprême. Il est difficile de comprendre comment un seul symbole peut contenir autant de sens et de potentiel. Le O est une énergie si fascinante qu'il semble contenir dans sa forme le début et la fin de tout. Comme l'Alpha et l'Oméga.

Une énergie O sera engageante, ouverte, amusante, opulente et mystérieuse. Ses intérêts vont du sublime au ridicule, de l'intellectuel au banal, de l'intangible au concret. Il peut parfois être difficile de suivre le rythme de ce personnage, car sa curiosité et son désir de connaissance sont parfois dévorants et peuvent donner aux autres l'impression d'être exclus ou "en dehors".

Inversement, un O peut vivre à l'intérieur du cercle et mener une vie de pure frustration parce qu'il se sent piégé par les limites qu'il a choisies. Ce type d'énergie O sera irritable, oppositionnel, oppressif, obtus, inconscient, étrange, obstiné ou simplement haineux.

Les énergies O qui illustrent le vaste potentiel de cette énergie littérale sont Obama, Oprah, les Osmonds, les Osbournes et le (Magicien d') Oz.

Descriptions traditionnelles

Les descripteurs typiques de l'énergie O sont : articulé, adaptable, amical, honorable, intellectuel, curieux, ouvert d'esprit, intuitif, puissant et créatif. Une énergie O piégée ou frustrée peut paraître arrogante, obstinée, vaniteuse, irritable, autoritaire, colérique, réservée et autoritaire.

Jalons

Les mots suivants suggèrent tous la puissance et l'ampleur du O :
Origine, Tout-puissant, Océan, Orbite, Olympien, Opposé, Occulte,
Sinistre, Obèse, Épreuve, Obituaire et Vieux.

En tant que phase énergétique actuelle

Le 7 de O peut être révélateur. Comme le 7 gouverne le cerveau et
implique la logique ou l'esprit, et souvent les deux, il peut contenir une
abondance de presque tout ce qui est imaginable. Le O libère ou
emprisonne ; il offre une variété de chemins. Des ouvertures
apparaissent et c'est à l'individu de décider s'il les considère comme
des obstacles ou des opportunités. C'est le moment de se développer,
de regarder les choses d'un point de vue différent, d'étudier des idées
et des idéaux étrangers et d'intégrer ces connaissances à ce que l'on sait
déjà. Les habitudes, les croyances, les routines, les émotions et les
fondements spirituels doivent être revus et corrigés.

P (valeur de 8) : Intellect intensif

Comme le F, le P est très intelligent, intellectuel et analytique.
Cependant, il existe une différence substantielle entre les deux. Alors
que le F est ouvert à la communication, le P est fermé. Une grande
partie du brainstorming se fait en silence et constitue un processus
continu au cours duquel le P analyse, pèse et prend finalement une
décision ou un verdict, qui n'est qu'occasionnellement exprimé ou
prononcé. Cette expression prend souvent la forme d'une critique ou
d'une colère explosive mais contrôlée.

Apprécié par le 8, le P est celui qui se contrôle et contrôle les autres,
l'autoritaire par excellence, le leader - pensez au terme "président". Le P
fera tout pour persévérer sous la pression. Son objectif personnel est de
présenter une performance et une personne parfaites et agréables.

Cependant, alors qu'il est tellement occupé à créer et à entretenir une
image de perfection, le P risque de manquer complètement la leçon de
son maître numérique, qui est d'apprendre à équilibrer le pouvoir
terrestre avec la connaissance spirituelle. Le P doit apprendre à
réfléchir (ironiquement) avant de parler, car les mots qui sortent de sa
bouche, sans contrôle, ont tendance à être brutaux même s'ils sont
destinés à aider. Plus important encore, il doit apprendre à utiliser ses
pensées d'une manière moins structurée et disciplinée, permettant ainsi
à l'esprit d'entrer dans son esprit et son cœur.

Le P peut parfois souffrir d'un complexe de supériorité, qui est une
influence directe du 8 qu'il contrôle, et a donc souvent du mal à
s'exprimer sans porter de jugement ou faire ce qu'il considère comme
une critique constructive. Autre leçon pour le P : élargir son insatiable
appétit de données à la compassion pour les moins chanceux et à
l'acceptation de modes de vie et d'opinions différents. Si le P exige la
perfection de lui-même, ses attentes à l'égard des autres sont souvent
excessives, irréalistes et exigeantes, et conduisent trop souvent à des
séparations de toutes sortes. Le P doit s'adoucir, trouver l'équilibre
libérateur dans la positivité qui le gouverne, et se tourner davantage
vers la foi que vers les faits. D'un point de vue sentimental, le P doit
aussi apprendre à distinguer la possessivité de l'amour et le mariage du

partenariat (comme les partenaires commerciaux), car ils ne se reverront jamais. Jusqu'à ce qu'il y parvienne, le P trouvera dans la perplexité un compagnon constant dans la recherche de l'amour.

Descriptions traditionnelles
Le P est souvent décrit comme intellectuel, concentré, moral, contrôlant, orienté vers les objectifs, fiable, honnête et loyal. Sous sa forme négative, le P peut avoir des opinions arrêtées, être têtu, peu communicatif, possessif, dictatorial, brusque et, dans les cas extrêmes, psychotique.

Jalons
Les mots suivants illustrent tous la source fermée ou profonde de P et comprennent Philosophie, Enceinte, Pause, Pensée, Portail, Pouvoir, Panique et Paralysant.

En tant que phase énergétique actuelle
Le règne de 8 ans de P n'est généralement pas une période particulièrement libératrice. Son énergie est celle d'un enfermement, d'un blocage dans des schémas de pensée, d'un manque de libération émotionnelle ou d'un emprisonnement dans une situation dont on ne peut apparemment pas s'échapper. Une prison, en quelque sorte. Cette prison peut être créée par nous-mêmes ou résulter d'un mariage avec un partenaire qui ne convient pas, ou d'un contrat avec quelque chose ou quelqu'un dont nous découvrons trop tard qu'il ne fonctionne pas comme nous l'avions espéré ou planifié. Il y a un besoin de libération émotionnelle, pour libérer le psychisme de la douleur et de la paralysie. La clé de la libération de cette pression est entre les mains du propriétaire et c'est à lui de l'utiliser.

Q (valeur de 1) : Énergie excentrique

Voici une autre lettre très curieuse. Son histoire picturale comprend des images d'un singe avec une "queue", d'une tête avec un "cou" et d'un "O" avec une "jambe", bien que la référence principale soit la base du cerveau. L'un des liens est le français "queue", qui vient du latin "tail" (qui est exactement ce à quoi ressemble un groupe de personnes alignées). Elle englobe de nombreux potentiels positifs du O, mais elle est maintenant équilibrée par la queue, qui se traduit principalement par la capacité à rire de soi-même, car la queue "chatouille" la base du cerveau. Certaines sources suggèrent que la queue de Q représente O x 2, ce qui renvoie au signe de l'infini, la lemniscate.

Alors que le O est régi par le 7, qui est rempli de pensées, le Q a une valeur de 1, ce qui lui donne de la concentration, de l'ambition et de l'énergie. Il représente également un œil, comme le Troisième Œil ou la vision au niveau psychique. La personnalité Q est très extravertie ; elle voit les choses différemment, a une imagination incroyablement vaste, est originale, pense vite et est ouverte à tout, ce qui signifie que le Q peut être aussi facilement fasciné par le non-sens que par le conventionnel.

Un autre aspect curieux mais purement mécanique de cette énergie est que la lettre u suit la plupart des mots commençant par Q. Apparemment, il n'y a pas de véritable raison à cette anomalie, si ce n'est que le son est plutôt guttural (les anciens écrivaient le son Q comme "Cw") et qu'il se prête à peu d'autres vibrations. L'évolution alphabétique nous permet aujourd'hui de visiter "Queen" au lieu de "Cwen". Après introspection, c'est peut-être là que se trouve la vérité la plus proche de Q : Queen. Je pense que la plupart des reines étaient ou sont, en fait, légèrement excentriques et que leur mode de vie est résolument différent de celui du citoyen moyen. Leur rôle traditionnel dans la vie garantit presque qu'elles voient l'existence quotidienne d'un point de vue particulier. Ils voient la vie différemment, la vivent différemment et vivent chaque jour d'une manière unique et inhabituelle. Cette description semble illustrer l'essence générale de Q

La plupart des Q se révèlent excentriques d'une manière ou d'une autre. Ce sont des énergies originales et plus profondes qu'il n'y paraît à première vue. C'est un peu comme les sables mouvants : assurez-vous de ne pas avoir de préjugés sur les Q non conventionnels. Vous pouvez vous retrouver coincé dans une situation désagréable avec un sentiment d'insécurité au creux de l'estomac.

Descriptions traditionnelles

Les traits de caractère courants du Q sont l'objectivité, la curiosité, l'originalité, la créativité, l'humour, l'imagination, l'intuition et parfois l'excentricité. Un Q négatif peut être égocentrique, sans but, sarcastique, déraisonnable, arrogant et tout simplement bizarre.

Jalons

Les mots suivants ont tous un rapport avec une base ou une origine particulière : Quagmire, Quake, Quest, Question, Quote, Quick et Quench.

En tant que phase énergétique actuelle

Peut-être est-ce une bonne chose que le règne de Q ne dure qu'un an, sinon vous risquez d'être mis en quarantaine ! Cette lettre est étrange et ses effets peuvent l'être tout autant. Il y a de l'humour, mais aussi des événements bizarres, des situations qui sortent de l'ordinaire, des révélations et des questions. Ce sera probablement l'une des énergies les plus étranges à traverser de tout l'alphabet, mais elle n'est pas mauvaise, elle est juste un peu farfelue.

R (valeur de 2) : Atteindre un niveau supérieur

Nous avons ici l'énergie refoulée de la P, combinée à l'avancée du pied (extension inférieure droite). Le R est retenu, mais va de l'avant. Il concilie la prudence et l'optimisme et peut indiquer un voyage sur une route imperméable qui exige résilience et foi.

La phase R est plutôt mystérieuse et réticente, et son énergie semble être celle d'un défi et d'un gain après plusieurs pertes : cette énergie est celle de l'essai et de la répétition. L'expérience de la phase R est une période au cours de laquelle soit l'enfer se déchaîne sous une forme ou une autre, soit les expériences passées de la phase R présentent maintenant des récompenses et des richesses. La phase R est faite d'épreuves et de leçons apprises, mais son thème central est en fait très simple. C'est l'évidence de ce qui est bien et de ce qui est mal (notez le son R dans les deux mots) et la voix de l'intuition qui fournit les réponses, qu'elles soient entendues ou non. Si les leçons ont été assimilées et réellement apprises, le R offrira une rare opportunité de renaissance, avec la possibilité de réécrire (ou au moins de modifier) l'histoire personnelle. En général, cependant, les passages dans le R doivent être effectués un certain nombre de fois avant que la rédemption ne soit possible. Pendant les périodes probatoires, le R a souvent la chance, avec sa valeur de 2, de trouver du réconfort et du soutien auprès de nombreux amis, mais le chemin du R peut être très solitaire : les leçons sont souvent très personnelles et privées et concernent principalement les relations intimes ou familiales. La vérité sur le personnage R est qu'il doit répondre honnêtement à des questions sur sa conduite et ses contributions aux relations intimes et sociales. Ce chemin peut être douloureux, du point de vue de la leçon, mais plus vite la vérité est découverte, plus vite la récompense est obtenue.

Le R représente la glande pinéale, de la taille d'un petit pois, située au centre du cerveau, entre et derrière les yeux. Même les scientifiques reconnaissent à contrecœur qu'il existe un certain mystère autour de la glande pinéale et qu'elle a été soigneusement reconnue pour son potentiel intuitif.

Le R représente la résurrection, la renaissance et la régénération, c'est-à-dire un nouveau départ ou une nouvelle façon de "voir" ce monde et cet univers. Parfois, des mesures drastiques sont nécessaires pour réaliser une action d'une telle importance et d'une telle ampleur. Cette énergie a besoin d'aller de l'avant, de recourir à des méthodes alternatives, de lutter, d'essayer à nouveau. Elle a le sentiment d'aller de l'avant. A titre d'exemple, lisez les mots suivants et remarquez le mouvement vers l'avant qu'ils contiennent : courir, courir, relayer, téméraire, sauver, rapide, prêt et soulever. Une autre indication intéressante de cette énergie vers l'avant est évidente dans les mots contenant le préfixe "re". Dans ces mots, on perçoit l'idée de recevoir une seconde chance pour quelque chose, l'opportunité de recommencer. Par exemple : réactiver, renouveler, recréer, répéter, réclamer, revivre, ressusciter et réformer.

Le R chercheur et spirituel fait l'expérience de ses propres épreuves, voit les choses d'une nouvelle manière, écoute avec de nouvelles oreilles et ajuste son existence et ses perceptions en conséquence. Les noms contenant un ou deux R représentent une seconde chance et surtout un renouveau. Lorsque la rotation d'un nom contenant un ou deux R est réussie, le R se réjouit et rayonne, car les récompenses et les richesses dont j'ai parlé plus haut seront à sa portée. Ce type de R développé, généralement d'âge moyen, serait un enseignant, un leader, un motivateur ou un écrivain exceptionnel, dont l'humanitarisme et la compassion pourraient annoncer un grand succès. S'il est célibataire, c'est le moment où un R "prêt" a le plus de chances de trouver son partenaire. L'âme sœur romantique, bien sûr. C'est aussi le moment où l'on peut enfin trouver une orientation, un créneau, en ce qui concerne sa carrière.

D'autre part, le R est également connu pour ses réponses négatives aux tests répétitifs. Le R peut devenir rebelle, impoli et plein de colère. Il est réactif et impénitent. Le rugissement, la terreur et l'horreur sont de bons exemples d'énergie R négative.

Heureusement, ces périodes passent, donc pas de panique, mais je dois ajouter que ceux qui ont plusieurs R dans leur nom peuvent envisager de l'orthographier différemment, si possible (en éliminant un double R, par exemple). L'énergie du R, bien que progressive, comporte souvent des moments de grande difficulté : le R est conçu pour ceux qui sont désireux et capables de saisir le niveau supérieur de connaissance qu'il renferme. sa structure. Une grande transformation spirituelle est possible en présence du R rédempteur, car celui qui le possède se voit tel qu'il est réellement, et une certaine humilité accompagne ce nouveau point de vue.

Descriptions traditionnelles

Les traits de caractère de l'énergie R sont le progrès, la ténacité, la réflexion, l'acceptation, la loyauté, la compassion, le pardon, l'amour et la compréhension. Le côté sombre de l'énergie R peut se manifester par la démotivation, la passivité, l'apitoiement sur soi, l'autodestruction, l'impatience, la colère et même la maltraitance.

Jalons

Tous les mots suivants indiquent un nouveau départ ou un type d'énergie qui s'étend vers l'avenir : Renaître, Réconcilier, Soulager, Ressusciter, Courir, Courir, Libérer et Risquer.

En tant que phase énergétique actuelle

La période R de deux ans correspond à l'une de deux possibilités distinctes, toutes deux profondément personnelles et traitant des vérités cachées des actions, paroles et traitements justes et faux. La première consiste à revoir les leçons non apprises et les essais inachevés pour tenter de comprendre les raisons de la présence d'un R dans un nom énergétique, c'est-à-dire, tout simplement, pour apprendre la différence entre une action juste et une action erronée, en particulier en ce qui concerne les relations. Si tel était le cas, ce transit de 2 ans pourrait s'avérer pour le moins difficile, et s'il était suivi d'un E, cela ne ferait qu'accentuer cette phase.

La deuxième possibilité est d'avoir appris avec succès les différences entre les bonnes et les mauvaises actions et de les avoir appliquées à sa propre vie, en particulier en ce qui concerne les liens intimes. Les relations s'améliorent, tout comme les perspectives et les réactions face à la vie en général. Cette phase peut être extrêmement positive, la

chance peut s'améliorer et l'avenir peut réserver d'agréables surprises ;
si un E suit, on peut compter les bénédictions.

S (Valeur de 3) : Sens humains

Strictement gouverné par les sens et renforcé par l'activité des 3, le S
peut être sensible, stimulant, intelligent, fou, rusé, sournois et
séducteur. L'activité des 3 par laquelle il est gouverné fait monter le
pouvoir d'adaptation dans le cerveau, où le S analyse, et le fait
redescendre dans le corps physique, où le S s'actualise. Un lien étroit
existe ici : les sens représentent le corps physique réel et ce qu'il est
capable de faire dans ce monde physique. Ils peuvent également
indiquer les fonctions réelles qui se produisent à l'intérieur du corps
lui-même et, une fois de plus, l'idée d'adaptabilité apparaît. L'une des
principales forces du S est sa capacité à suivre le courant et à s'adapter
à différentes situations, ce qui explique probablement pourquoi le S est
parfaitement capable de vous dire ce que vous voulez ou avez besoin
d'entendre, puis d'aller faire exactement ce qu'il juge bon de faire pour
lui-même. Le S est trop enraciné : il se fie à ses sens et à la manière de
les utiliser pour se débrouiller dans un monde matériel.

Le S place le serpent auquel il est symboliquement lié dans l'herbe, le
sexe dans le sexy et le secret dans le secret. Le S est charmant et
trompeur, bien qu'il ne le fasse pas toujours exprès, ce qui semble être
sa nature. Comme le serpent, le pouvoir du S est insidieux ; il peut être
rapide et furtif et peut se glisser sous votre nez et disparaître
silencieusement dans les douces ombres du coucher de soleil avant
même que vous ne vous rendiez compte de sa présence. Cette énergie
peut s'adapter aux circonstances ou changer son approche, sa manière,
son moment ou son point d'entrée pour s'aligner sur ses intentions, ce
qui signifie que le S obtient généralement ce qu'il veut (regardez la
structure du S et vous verrez qu'il est ouvert à la courbe supérieure et
ouvert à la courbe inférieure ; cela le laisse exposé et même vulnérable
à toutes les influences, à la fois positives et négatives). Extrêmement
attirante pour le sexe opposé, cette essence peut facilement s'impliquer
dans diverses relations, souvent avec des résultats désastreux.

Au fur et à mesure que le S poursuit son objectif - qu'il s'agisse d'une histoire d'amour, d'un emploi ou de toute autre chose - le pouvoir de sa séduction naturelle, de sa grâce et de son charme lui permet de réaliser ses aspirations. Le S est entreprenant, philanthrope, très actif, possède un talent artistique exceptionnel (qui est parfois ignoré ou sous-estimé) et a un énorme potentiel en tant qu'acteur ou animateur.

Le vrai S semble chanter et danser à son propre rythme. Il fait exactement ce qu'il veut, quand il veut et comme il veut. L'indépendance est importante pour le type S et, comme il apprécie sa liberté par-dessus tout et qu'il n'aime pas les ordres, il est préférable de le laisser travailler seul. Le type S voit ce qui doit être fait et est capable de le faire s'il le décide.

L'énergie S/3, qui est une combinaison de charme et de séduction et de ruse et de secret, peut présenter une énergie presque hypnotique : c'est, sans aucun doute, l'opérateur le plus fluide des énergies des lettres. Encore une fois, la puissance de cette description dépendra des autres énergies du nom, mais, en général, s'il y a une abondance d'énergies S dans le nom de votre amant, par exemple, vous êtes susceptible de vous retrouver sous un charme séducteur à un moment ou à un autre ou d'être témoin de ses résultats. Si vous avez une abondance d'énergie S, soyez conscient de votre potentiel et de votre charme et utilisez-le à bon escient.

Comme le S s'appuie sur les sens pour obtenir ce qu'il veut, la leçon ne devrait pas être difficile à comprendre. Le S (peut-être plus que toute autre lettre énergétique) doit apprendre qu'il existe un sens supplémentaire aux cinq qu'il utilise régulièrement, qui est, bien sûr, l'intuition, ou le sixième sens. Une fois cela assimilé, l'étape suivante consiste à reconnaître qu'il y a plus que ce que l'œil peut voir. Le sexe des sens contre la métaphysique de l'esprit. Voilà qui résume la situation des Ss et de tous ceux qui ont affaire à une personne portant un ou deux Ss dans son nom.

Autre petit détail : le S est le "symbole de la réussite". Cependant, le S ne connaîtra un succès véritable et durable que lorsqu'il s'éloignera de la gratification instantanée que l'on trouve dans le monde terrestre des sens. Cette énergie, comme beaucoup d'autres, a besoin de regarder au-delà du corps physique pour voir sa vraie nature ou son âme.

Descriptions traditionnelles

La personne S est généralement énergique, sociable, charmante, séduisante, éloquente, sensuelle/sexuelle, artistique, persuasive, adaptable, imaginative, mystérieuse et confiante. Les descripteurs plus négatifs de la personne S peuvent être : sournoise, rusée, infidèle, manipulatrice, inconstante, superficielle et peu fiable.

Jalons

Les mots suivants reflètent tous le lien avec les sens : chanter, crier, frémir, hurler, sentir, sexe, triste, trembler, choquer, schizophrénie et sommeil.

En tant que phase énergétique actuelle

Un défi est présent tout au long des 3 S et il peut se présenter sous la forme de l'utilisation de tous les moyens d'approche possibles pour obtenir quelque chose ou quelque part, qu'il s'agisse d'une personne, d'un lieu ou d'une chose. Il peut également y avoir des dilemmes moraux et éthiques, car cette énergie est souvent de nature sensuelle, sexuelle et autogratifiante et peut connaître des tentations ou des attraits dont l'intensité peut être écrasante. Il peut également s'agir d'un moment d'éveil, là encore, du sens supplémentaire, et donc de l'ouverture de "l'oreille interne". Le défi qui se pose est celui de la prévalence de l'esprit sur la matière : dans ce cas, l'esprit concerne la spiritualité et la matière les instincts primaires de l'homme. Cette phase présente souvent un choix entre les deux.

T (valeur de 4) : Le signe plus

Le T possède un certain nombre de caractéristiques importantes, notamment celle d'être lié à la croix et donc aux croyances religieuses et spirituelles. Son essence est assez bien expliquée par le signe plus (qui n'a aucun lien avec la lettre chaldéenne T, mais renvoie au symbole commun de l'addition mathématique, ainsi qu'à des liens religieux ou spirituels évidents) : il prend ce qui précède et l'intensifie - la nature du signe plus est de "s'ajouter à".

T est curieux de tout. Il veut en voir plus, en savoir plus, en avoir plus et en expérimenter plus. S'il est la pierre angulaire d'un mot, il se met généralement en marche. Pensez à un triathlon ou à un train en marche. Comme le T contient l'énergie de l'addition, il doit avoir un point de référence, ou une base à partir de laquelle commencer, et il a la chance d'être renforcé par le chiffre 4, qui est solide et fondateur, un élément bienvenu et de soutien pour une énergie T potentiellement non focalisée ou excessive. Par exemple, si deux T apparaissent l'un à côté de l'autre, cela indique généralement qu'il se passe trop de choses en même temps, que les émotions intérieures s'accumulent et que la pression monte. Cela se traduit par une personne qui a trop de choses à faire dans sa vie et qui n'a pas de méthode ou de désir de soulager le stress ou de simplifier les circonstances. Le personnage du double T se sentira souvent "embouteillé" et frustré pour une raison ou une autre. Si le T ne veut pas parler, il deviendra toxique et erratique, conduisant, presque inévitablement, à une rupture toxique (normalement pas une explosion - le T est trop calme). Un sous-sens lié au T est l'image d'un parapluie : ce personnage est très protecteur envers lui-même et ceux qu'il aime, mais il peut être difficile pour le T de s'ouvrir et de révéler ses pensées et ses sentiments. Il serait judicieux pour un T multiple de parler, de partager et de révéler son tourment intérieur lors de "séances de décompression" régulières destinées à soulager le stress (un mot qui englobe le S des sens, l'"additionneur" du T, l'énergie de répétition du R, l'énergie d'accentuation du E et une double dose des autres sens... le résultat final serait une surcharge des sens, ce qui est à peu près l'équivalent du stress).

Les prénoms commençant par un T doivent savoir qu'ils devront choisir des points d'ancrage et s'y tenir, faute de quoi ils rebondiront littéralement d'un sujet à l'autre, d'un lieu à l'autre ou d'une personne à l'autre. Ou les trois à la fois.

Plus positivement, le fait d'être ancré au sol par le chiffre 4, solide et responsable, permet au T de lutter contre les aléas, de continuer à avancer et de disposer d'une base solide pour agir. Pour aller plus loin, imaginez que cette base carrée ait la forme d'une boîte, dépliée sur les côtés et posée sur la surface. Que voyez-vous ? La croix (ou le signe plus) est l'un des anciens liens symboliques avec la croix de Jésus et le poids de son fardeau. Cette lettre secrète à l'intérieur de la base du 4 est représentative du potentiel d'apprentissage supérieur ou de l'accès à une activité spirituelle. Le T prend ses responsabilités très au sérieux et peut souvent se sentir alourdi : la boîte de la croix ouverte parle du besoin de se libérer. Pour cela, le T a vraiment besoin d'un partenaire avec qui partager la charge et explorer la spiritualité.

Si elle est laissée à elle-même pendant trop longtemps, cette énergie peut devenir susceptible de se sentir frustrée, opprimée et incomplète. On peut s'attendre à un comportement extrêmement négatif de la part d'un T frustré et toxique, et la clé pour le T, tout simplement, est de déposer le fardeau qu'il porte. Si Atlas peut porter le monde sur ses épaules, le commun des mortels ne le peut pas. Le principal défi pour le T est de s'alléger en supprimant les rancunes, la culpabilité et les responsabilités imaginaires ou supposées, ce qui peut être difficile en raison de l'entêtement inhérent au 4.

Descriptions traditionnelles

Les caractéristiques typiques sont : curieux, investigateur, protecteur, serviable, actif, intellectuel et progressiste. Les énergies négatives de T peuvent se traduire par un manque de concentration, un manque de fiabilité, de la nervosité, de l'illogisme, de l'imprévisibilité, de la dispersion et de l'instabilité émotionnelle.

Jalons

Les mots suivants montrent tous clairement la nature "additionnelle" du T : Tall, Time, Tip, Tension, Tax, Tide, Temper, Terrible, Terror, Tornado et Temptation.

En tant que phase énergétique actuelle

Le transit du T varie selon qu'il est seul ou précédé d'une lettre. Dans ce dernier cas, le T intensifiera l'énergie de la lettre qui le précède, comme dans le cas du "stress" ; il peut aussi ajouter de l'énergie au E de "Eternité", et ainsi de suite. Le T/4 met l'accent sur les responsabilités et la routine, mais, selon sa position, il peut indiquer une période de nombreux intérêts ; si un E suit un T, c'est pratiquement garanti. Par ailleurs, si le T signifie Pierre angulaire (Temps, Total, Impôt), il indique une énergie d'extension, de multiplication, d'"addition". Le T est l'élément inconnu : il peut aller dans un sens ou dans l'autre, il peut entrer ou sortir, il a tellement de potentiel qu'il peut souvent être une période d'énergies non focalisées, d'agitation et d'intérêts variés. Cependant, la nature de cette énergie peut aussi révéler des surprises inattendues, ce qui peut être une bonne chose. Ou un point négatif. Ou les deux.

U (valeur de 6) : La Coupe

Et voici une autre énergie fascinante. Simple, mais tordue. C'est à la fois la coupe de la réceptivité et la coupe des limitations. Régie par le chiffre d'amour 6 et fortement influencée par "l'eau" des émotions, cette coupe à la base arrondie est très susceptible de basculer ; son humeur générale repose sur un équilibre délicat : un élément qui bascule dans le mauvais sens peut provoquer des bouleversements émotionnels catastrophiques. Si la phase U est rencontrée tôt dans la vie, les événements de cette phase formeront la racine des niveaux ultérieurs d'équilibre émotionnel, de sorte qu'il peut falloir beaucoup ou peu dans sa "coupe" avant qu'elle ne succombe.

La coupe a une nature double : elle est extrêmement sensible et désireuse de proximité, mais elle est incapable de gérer des sentiments sérieux. Représenté avec ses deux bras implorants tendus vers le haut, le U essaiera de se défendre, construisant des murs et des défenses contre ce qu'il perçoit comme une faiblesse. Cela se manifeste souvent par un dédoublement de la personnalité : deux facettes distinctes du personnage. L'une sera chaleureuse, joyeuse et aimante, l'autre froide, critique et intouchable. Les deux faces d'une pièce de monnaie ou, dans ce cas, des émotions extrêmes. Toute personne confrontée à un U dominant et négatif peut s'habituer à se sentir à la fois aimée et étiquetée. Un sentiment désagréable, inconfortable et malheureux.

Le U représente également un conduit ou une prise. Il a le potentiel de changer ou de modifier l'énergie qui passe par ses antennes ou ses bras. Comme l'Univers, il s'agit d'une série d'énergies circulant dans des canaux qui ont la capacité de se débrancher et de se défaire, ou de se mettre en marche et de s'allumer. C'est un changement de direction et de flux. En d'autres termes, c'est le demi-tour : l'amour se transforme en désir, le métal en rouille et les rêves en poussière. Il transforme également les vents en ouragans, les périodes de sécheresse en sécheresses, les secousses en tremblements de terre et les eaux calmes en tsunamis. C'est le verdict du juge, le verdict du jury et le dernier mot du croque-mort. La double nature du U peut également être représentée par un excellent orateur qui ne parvient pas à communiquer au niveau personnel, ou par l'individualité de l'enfant au sein de la mère, qui est toujours lié à elle en vertu de l'utérus et du cordon ombilical. Il y a toujours deux côtés au U, certains montrés, d'autres non. Le U non communicatif a souvent un exutoire alternatif pour ses émotions, comme la peinture, le yoga, le tai-chi, le chant dans une chorale ou le saut d'un avion.

Bien sûr, il représente aussi le fer à cheval, qui sert à protéger, à dévier ou simplement à porter chance. On les lance sur les poteaux dans le jeu du même nom, et un cheval n'est pas vraiment habillé sans eux.

L'énergie d'entrée de U maintient un équilibre prudent : elle peut être instable, agitée, erratique, ainsi qu'une liste étonnamment longue d'autres mots "pas". Un signifie essentiellement "pas". Pas prêt, pas disposé, pas capable. Il s'agit d'une vibration instable, reposant sur un équilibre précaire. Cependant, la grâce salvatrice de cette énergie est sa règle numérique : le pouvoir d'amour de la famille.

6. Et la chance du fer à cheval ne fait pas de mal non plus. Ensemble, ils peuvent offrir suffisamment de positivité à U pour permettre un équilibre relativement durable. Cependant, c'est la trahison ou la rupture de confiance qui fait le plus souffrir l'énergie U et qui est la principale cause de basculement : si elle est blessée ou maltraitée de cette manière, l'énergie U déborde et s'écoule comme un barrage libéré, et le flot de douleur émotionnelle qui en résulte pourrait noyer même un nageur olympique. Une fois vidée, cependant, l'U retrouve son équilibre et va de l'avant. Mais il n'oublie pas.

En bref, le U montrera un contrôle calme du monde tout en masquant une agitation émotionnelle. Cette agitation se manifestera à travers le masque par des signes de nervosité, de tension et un sentiment que les choses ne sont pas ce qu'elles semblent être.

L'aspect négatif de U est enraciné dans ses problèmes émotionnels : s'il n'est pas exprimé pendant de longues périodes, U peut chercher des exutoires de manière inappropriée. Certains moyens seront relativement inoffensifs, comme le fait d'entrer dans la clandestinité pendant un certain temps.

tout en. Les personnes gravement instables et bouleversées peuvent devenir déséquilibrées, d'où ces mots : cruel et inhabituel, abusif, laid, blessant et meurtrier.

Descriptions traditionnelles

Les descriptions typiques de U sont : chaleureux, calme, amical, social, serviable, efficace, loyal, patient et domestique. Un U négatif peut être évasif, catégorique, ambigu, sarcastique, distant et secret. Il va sans dire que le U peut également être émotionnellement instable.

Jalons

Les mots suivants indiquent tous une canalisation et une focalisation de l'énergie : Union, Université, Compréhension, Univers, Nombril et Urbain. Tous les mots comportant le préfixe "un" confirment le déplacement ou l'opposition (volonté ou non, oui ou non, gauche ou droite) de l'énergie du U.

En tant que phase énergétique actuelle

La phase U de 6 ans se caractérise par une intensité émotionnelle, une instabilité potentielle, des changements de direction et des expériences formatrices peut-être négatives. C'est une période où l'on entre et sort de l'amour, où l'on trouve ou l'on se sépare de personnes, de lieux ou de choses que l'on aime. C'est aussi une période de chance qui, combinée à des problèmes émotionnels, peut donner lieu à une phase plutôt confuse mais, espérons-le, agréable.

V (Valeur de 6) : Victoire

Le V est le signe de la paix et du salut de la victoire et est lié à Vénus. Il est le compagnon du A, car le symbolisme ancien considérait le A comme une énergie masculine et phallique et le V comme la femme vierge. En tant que telle, elle fait également référence au vaisseau qui apporte la vie et, à juste titre, c'est la seule lettre qui fait référence au mariage et à la recherche de la compagne ou du compagnon idéal. Le V se présente sous la forme de deux lignes distinctes qui se rejoignent à la base. Ces deux lignes illustrent la réunion de deux personnes, lieux ou choses. Il s'agit de "s'unir, travailler ensemble et réussir ensemble". Comme le U, le V est renforcé par le nombre d'amour 6 et, en raison de sa base pointue, il s'efforce de maintenir l'équilibre dans les affaires émotionnelles. La différence entre le U et le V réside dans les bras. Alors que le U tend les bras vers le haut pour protéger, défendre et demander de l'aide, le V tend les bras vers le haut dans une recherche déterminée et ciblée de la vérité spirituelle. (Vous vous souvenez des oreilles de lapin en haut de votre téléviseur ? Cette image verticale est une représentation idéale du V qui recherche continuellement des informations, des données et des messages). Le fait de tendre la main vers le haut avec l'amour comme motivation sous-jacente représente le désir d'unité, d'union et de connexions victorieuses, quelque chose qui va au-delà des connexions entre deux personnes : c'est plus grand que cela. Cette connexion, ou ce désir d'unité, est ce qui maintient le V en équilibre et lui permet de se connecter à ses émotions d'une manière dont le U est incapable. Il se soulève du plan terrestre pour tenter d'aller plus haut et, par conséquent, le poids sur sa base est très léger. Le V/6 ressentira le besoin, s'il est ouvert et développé, d'écouter une voix intérieure qui l'appelle à créer ou à construire quelque chose de valeur pour les gens. Le V s'efforcera constamment d'atteindre les objectifs qu'il s'est fixés et y parviendra généralement. Le V est fortement attaché à la croyance que toute vie est sacrée et que, par conséquent, on ne devrait pas tuer quoi que ce soit ou qui que ce soit pour quelque raison que ce soit. C'est le genre de personnes qui se retrouvent à piéger de grosses araignées velues ou d'autres lianes dans des bocaux et à les relâcher dans le jardin plutôt que de les tuer. Ce sont de véritables âmes douces pour qui tuer est une chose abominable. Si leurs cartes comportent des nombres de force qui leur permettent de prendre une distance émotionnelle sur les questions de vie et de mort ou de douleur et de souffrance, ils feront des médecins, des vétérinaires, des infirmières, des travailleurs de la santé, des vicaires et des guérisseurs holistiques fantastiques.Chez une personne, le V proéminent reflétera un travailleur infatigable, une âme très intellectuelle, inventive et intuitive avec un bon cœur et un désir sincère de plaire. Cette énergie se marie généralement bien avec les autres et c'est un plaisir de travailler pour ou avec elle. Lorsque le V trouve son véritable compagnon, il n'y a pas d'autre énergie qui travaille plus dur pour faire durer un mariage (ou une amitié). Ils sont loyaux, directs, honnêtes, aimants, indulgents et cohérents. Bien sûr, il y a toujours un revers à la médaille. Si la véritable vocation ou nature du V est réprimée, il ou elle se sentira évidemment frustré(e) et déprimé(e). Le V s'en prend à ses proches et voilà ! Le V paisible peut devenir verbeux, vulgaire, vaniteux et même violent. Il se comporte aussi très bien en victime. Mais, dans l'ensemble, le V vaincra et s'imposera. Il en sortira victorieux.

Descriptions traditionnelles

Les descripteurs typiques sont : éthique, consciencieux, ambitieux, juste, loyal, déterminé, attentionné, dévoué et digne de confiance. Lorsqu'il n'est pas développé, V peut être matérialiste, égocentrique, égoïste, vaniteux, agnostique, indifférent et sans principes.

Jalons

Les mots suivants indiquent tous la victoire ou la défaite : Verify, Validate, Veteran, Vaccine, Valour, Vow, Vagabond, Vile, Vigilante et Vice.

En tant que phase énergétique actuelle

La période de 6 ans du V est également une période de valeur émotionnelle en raison de la connexion amoureuse de son maître : le V/6 ressent et exprime son amour d'une manière vaillante et visuelle. Le V démontre son maître Vénus à travers ses valeurs et ses points de vue et sa vibration est celle de la vigilance et de la victoire. C'est une période de douce réussite, de mariage et de paix.

Bien sûr, le V peut aussi basculer dans l'autre sens et devenir un justicier vaniteux, buveur de vodka et cracheur de poison. Mais c'est une autre histoire.

W (Valeur de 6) : Aqueduc

W est la troisième et dernière lettre énergétique avec la valeur numérique de 6, ou amour. Comme pour toutes les lettres 6, son influence principale est l'eau. L'eau est un symbole profond des émotions : nous "pleurons une rivière", nous considérons les désaccords comme de "l'eau qui a coulé sous les ponts", nous nous tenons dans de "l'eau chaude" ou nous mourons d'envie de "nous mouiller les pieds". Nous "attendons que notre bateau arrive" et "nous tenons l'eau" jusqu'à ce qu'il arrive. Le W est situé dans la petite montagne au centre, soutenu par une paire de bras tendus vers le ciel à la recherche d'aide et de conseils. Comme sa valeur de 6 le suggère, le W fait référence aux hauts et aux bas émotionnels, aux pics et aux vallées, à l'amour, à la haine et à toutes les émotions intermédiaires. Il est magnifiquement représenté par l'image d'un bébé flottant paisiblement dans le ventre de sa mère. Tout est intact et protégé jusqu'à ce que la mère perde les eaux.

En raison de ses hauts et de ses bas et de ses fortes connexions émotionnelles, le W peut également susciter un désir d'évasion, qui peut prendre la forme d'une dépendance. Il est fort probable que tôt ou tard, le W connaîtra un réveil bienvenu en raison de ses "bras" suppliants : après tout, la puissance divine de l'Univers n'ignorera pas une demande d'aide constante et infaillible.

L'énergie W typique est très sympathique. Il forge des amitiés durables, est un employé et un voisin honnête et est loyal et fidèle à ses compagnons. L'aspect émotionnel du W le rend susceptible de connaître des périodes de bonheur et d'émerveillement, ainsi que des épisodes de profonde dépression et d'inquiétude. La leçon est de trouver la petite montagne au centre de l'énergie du W et d'en faire sa base. On peut faire des excursions d'une journée dans les vallées et sur les sommets, mais comme les vallées sont sombres et humides et que les sommets sont chauds et sans air, le juste milieu se trouve au milieu et c'est là que se trouve le sage. Ce qui revient à dire que les W ont besoin d'un foyer sûr, chaud, douillet et aimant : ils ont besoin d'un endroit solide et fiable où se retirer.

Le W est vraiment l'eau de l'amour et son âme recherche vraiment le niveau le plus élevé qu'elle puisse atteindre en résidant sur ce plan terrestre. Ce qui est merveilleux avec un W équilibré, c'est que son détenteur sera également très normal et terre-à-terre - même à travers des événements parfois traumatisants - et qu'il aimera littéralement la Terre. Cette vibration aime la nature et passe le plus de temps possible à l'extérieur, car cela revitalise l'âme.

Descriptions traditionnelles

Les descriptions générales du W sont les suivantes : adaptable, attentionné, engagé, direct, authentique, loyal, digne de confiance et objectif. Un W négatif peut être obsessionnel, peu communicatif, déprimé, perplexe, distant, vague et dépendant.

Jalons

Les mots suivants font tous référence à l'eau, aux émotions ou à différents niveaux (comme le haut et le bas) : Waves, Wash, Wet, Well, Wade, Whale, Wharf, Weep, Wail, Wallow, Worry, Weight, Wage et Window.

En tant que phase énergétique actuelle

Ce dernier transit de la valeur 6 est le plus sous-estimé des trois (U, V, W). Bien qu'il soit le plus lié à l'eau, il est aussi le plus équilibré. Les hauts et les bas émotionnels abondent ; cependant, W est protégé d'une manière que U et V ne le sont pas. Son énergie est centrée au centre de la lettre, dans le sommet entre les bras, et il se sent généralement en sécurité, même en cas de bouleversements. Ce type de vibration est plus spirituel, donc plus personnel que les autres. Cette phase concerne la croissance spirituelle par le biais d'expériences physiques. Par conséquent, ce transit ressemble à un tour sur les proverbiales montagnes russes des émotions : les hauts les plus élevés sont payés par les bas les plus bas. Mais le processus offre également des moments d'approfondissement spirituel qui contribuent à former le caractère profond et durable du W.

X (valeur de 5) : Facteur X

En X, nous trouvons un être multiple. Il symbolise l'addition, la multiplication, la suppression et la fin de la ligne. Ce caractère peut être une signature ou l'indication d'une erreur de jugement ou de comportement ; il peut servir d'avertissement et de symbole de prudence à l'égard de divers produits, y compris les poisons et les médicaments délivrés sur ordonnance (Rx). Il signale les passages à niveau imminents et les mauvaises routes à emprunter. C'est le "facteur X" ou la quantité inconnue qui a joué un rôle, par exemple, dans la détermination du nombre d'hommes et de femmes (chromosomes X) composant la "génération X". C'est ce même facteur X qui déterminera si vous êtes la bonne personne ou non.

La touche 'X' est la touche qui ferme les boîtes d'écran des sites interdits aux mineurs. La touche "X" est la touche qui permet de fermer les boîtes d'écran des sites interdits aux mineurs. Le X marque l'emplacement, indique où vous vous trouvez (dans le sens de "vous êtes ici") et révèle l'emplacement de (prétendus) trésors enfouis.

D'un point de vue plus religieux, comme Sister T, le X parle de la croix de Jésus et se réfère au nom du Christ (Xmas) et revient à dire que l'on récolte ce que l'on a semé. La justice joue un rôle dans le X : elle deviendra soit la croix avec laquelle nous nous relèverons (ou à laquelle on donnera une seconde chance), soit la croix dont nous devrons porter le fardeau.

Le X brise les barrières, crée de nouvelles dimensions et s'ouvre à de nouvelles expériences et à des réalités multiples (Matrix). Le X est vulnérable en raison de ses côtés ouverts, mais c'est la lettre la plus parfaitement équilibrée de l'alphabet. Il conserve sa forme quelle que soit la façon dont il est tourné. Cela reflète l'influence de sa valeur numérique 5 qui, bien qu'elle soit régie par le changement, les sens, la communication et le besoin de liberté, est également stable à la base.

Cependant, sous sa forme nominale, X est très impressionnable, vulnérable, changeant (en raison de sa propension à se multiplier et à s'additionner) et naturellement progressif et actif. En raison de plusieurs formes Y quelque peu tordues dans sa structure, il peut avoir du mal à prendre des décisions ; il y a plusieurs bifurcations "cachées" sur la route.

Le X peut facilement devenir excessif, épuisé, exalté, exhibitionniste ou sujet à de nombreuses autres versions d'émotions ou d'actions. Nous en sommes maintenant à la nature fondamentale du X, comme dans le SEXE. Le X se tient debout, les bras tendus et regardant, tandis que ses jambes sont suffisamment écartées pour être traversées par un camion métaphorique. Dire que le X est un peu intéressé par les loisirs sensuels reviendrait à dire que l'océan est un peu humide.

Pour moi, le X est synonyme de développements inattendus, d'événements imprévus et parfois de franchissement de frontières. Le X contient un élément de mystère, ce qui est l'une des raisons pour lesquelles cette lettre particulière retient mon attention et amuse manifestement d'autres personnes ; c'est peut-être la raison pour laquelle The X-Files est toujours diffusé dans le monde entier.

Une personne porteuse du facteur X sera imprévisible, fascinante et curieuse de tout : cette énergie aime explorer l'inconnu ou ce qui n'a pas été essayé. Le X est aventureux, impulsif et enclin à regretter ses actions antérieures, mais le regret sera interne et sera causé par des alliances et des actions malsaines. Ce type de X crucifie en privé et sourit en public.

Le X concerne la route à prendre et la route à ne pas prendre. C'est la punition spirituelle pour avoir succombé à la tentation, une position difficile pour cette énergie, car les tentations excitent la nature investigatrice et exploratrice du X.

Descriptions traditionnelles

Les caractéristiques typiques sont l'aventure, la réceptivité, le progrès, l'indépendance, l'art, l'absence de jugement, la curiosité et le magnétisme. Les énergies X plus négatives peuvent être impulsives, excessives, addictives, négligentes et autodestructrices.

Pierres angulaires

Tous les mots ou abréviations suivants donnent une idée du facteur X rare : X-ray, X-rated, XTC, XY (chromosome masculin) et XX (chromosome féminin).

En tant que phase énergétique actuelle

Les cinq années d'existence de X laissent le propriétaire ouvert à tout et à n'importe quoi. C'est une période de croissance et d'expansion, même si ce n'est pas toujours de manière positive. C'est une période d'incitation, de provocation et d'appât, directement influencée par le sens de la liberté du 5. Le désir de questionner et d'agir est parfois assez fort pour surmonter les réserves et peut conduire à des situations jamais prévues. Si le détenteur du X est assez fort pour être très sélectif dans ses explorations, il peut vraiment profiter de cette vibration. L'astuce consiste à ne pas laisser le pécheur de l'extérieur faire ressortir le saint de l'intérieur. La prudence et l'attention sont de mise pendant une phase X. Pendant cinq ans, bien sûr.

Y (Valeur de 1) : Carrefour

Imaginons que vous êtes seul et que vous vous rendez en voiture chez tante Bessie, à la campagne. Vous n'y êtes allé qu'une seule fois, quand vous étiez petit, et comme vous étiez sûr de ne pas avoir besoin de carte (vous avez toujours été très intuitif), vous n'en avez pas apporté. Vous avez apporté un téléphone portable, mais comme tante Bessie est sourde et peu sociable, elle n'a pas de téléphone, mais vous pouvez toujours appeler votre mère. Votre essence s'épuise rapidement, car vous avez fait de nombreux faux départs sur de nombreuses mauvaises routes. Le soleil baisse à l'horizon et la lumière restante montre des champs identiques qui s'éloignent de vous dans toutes les directions, comme de douces vagues sombres. Vous arrivez à un embranchement bien défini. La route de gauche est apparemment bien fréquentée. Celle de droite l'est peut-être moins. Il ne manque qu'une chose : un panneau de signalisation. Le soleil baisse encore. Les ombres augmentent. Le moteur grince et tousse. Vous essayez d'appeler votre mère pour lui demander votre chemin, mais il n'y a pas de signal sur le téléphone portable. Le voyant de la batterie s'allume et vous n'avez pas apporté le chargeur. Vous devez prendre une décision, et la prendre rapidement. À gauche ou à droite ?

Le Y est un changement de direction. Il s'agit parfois d'un choix que vous faites volontairement, parfois d'un choix ou d'une direction pris pour vous. Par exemple, vous existez à cause d'une bifurcation qui s'est produite il y a longtemps, ou d'une décision prise pour vous par les gagnants du jeu des chromosomes X/Y auquel vos parents jouaient il y a longtemps : X a mis le plan de jeu de base sur la table, mais Y a introduit des options dans le tableau. La fin du jeu vous a produit.

Pour vous donner une meilleure idée de l'énergie Y, le mot "hier" est entouré d'un Y, ce qui lui permet d'englober tous les aspects d'une direction (gauche, ou passé) et tous les aspects de l'autre (droite, ou vers l'avenir). Si vous avez un Y dans votre nom, vous constaterez probablement que vous êtes obligé ou que vous choisissez de changer de direction dans votre vie plus souvent que votre voisin moyen. Le Y est également ouvert à d'autres façons de vivre et de penser et est souvent aussi curieux de la métaphysique que de la science. La leçon du Y/1 est qu'il faut prendre des chemins de traverse, c'est-à-dire prendre des risques et poursuivre le côté spirituel et créatif de la vie plutôt que le côté sensuel et matériel, une leçon qui est souvent répétée dans les symboles de l'alphabet. Heureusement, le Y est également lié à l'intuition et aux flashs psychiques, ce qui peut s'avérer très utile si vous vous trouvez dans une situation inhabituelle ou menaçante.

Un autre aspect (apparemment malheureux) du Y est qu'il sépare. Sur le plan humain, cela se traduit par la fin de différentes relations par le biais de divers moyens tels que la mort (un passage marqué, étrangement, par la formation de la lettre Y sur la poitrine après une autopsie), le divorce, l'éloignement imposé ou simplement la "perte de contact". Le Y peut aussi se manifester par un mode de vie alternatif, choisi ou imposé. Il peut s'agir d'un solitaire excentrique, d'un psychopathe vivant dans un motel désert ou d'un artiste vivant dans un monde psychédélique. Il peut aussi se présenter comme le fait de devoir vivre avec un handicap physique ou un dysfonctionnement et le potentiel de croissance spirituelle qu'une telle condition peut représenter.

Les personnes dont le nom comporte un Y sont susceptibles d'être "différentes". Soit elles vivent avec des problèmes imposés qui n'offrent aucun choix de mode de vie, soit elles choisissent volontairement une façon "différente" de vivre ou de faire l'expérience de la vie. Si vous vivez ou êtes une pierre angulaire Y, attendez-vous à ce que votre vie change souvent de direction. L'énergie 1 qui soutient le Y vous donnera la force et la détermination de suivre les chemins choisis ou imposés, mais au bout du compte, le chemin du Y montrera une longue série de tours, de virages, de courbes en épingle à cheveux et ressemblera peut-être plus à la carte d'un pays qu'à l'histoire d'une vie.

D'un point de vue plus banal ou "normal", la phase Y peut annoncer un changement de carrière ou un nouvel emploi, un déménagement, un mariage ou la naissance d'un enfant. Gardez à l'esprit que même dans les scénarios les plus banals, la phase Y présente souvent des événements imprévus : les scénarios décrits ci-dessus pourraient également se présenter sous la forme d'un licenciement, d'une expulsion du domicile, d'une notification de divorce ou d'une grossesse inattendue. Encore une fois, en raison de la Ces changements peuvent être à la fois stimulants et bénéfiques à long terme.

L'image idéale des deux aspects ou directions est bien illustrée par la contemplation du yin et du yang. Les deux moitiés du tout. Le féminin et le masculin ; deux entités différentes qui s'unissent pour créer un équilibre parfait. Hier n'existerait pas sans aujourd'hui. Le oui n'existerait pas sans le non. Une année n'existerait pas sans 12 mois, ni un mètre sans trois pieds. Un yo ne serait pas complet sans un autre yo (comme dans yo- yo), qui lui-même incorpore des directions opposées, de haut en bas, ou même de gauche à droite. Un œuf n'est pas un œuf sans son joug, qui permet au poussin de se développer. Tordre le corps dans différentes directions est communément appelé yoga et vise à créer un corps, un esprit et une âme sereins et flexibles.

Comme on pouvait s'y attendre, un défi familier fait partie de son énergie. Quelle voie emprunter ? Celle qui est logique, pratique et sûre ou celle qui promet le risque, le mystère et la révélation ? La réalité matérielle s'oppose une fois de plus à la vérité spirituelle.

Enfin, le Y est aussi la baguette de sourcier. Donc, si vous êtes encore assis dans votre camion, sortez et cherchez une longue branche avec un bout fourchu. Tenez le bout fourchu à deux mains et placez-vous au carrefour. Dirigez la branche vers une route, puis vers l'autre. Si le bâton tire vers le bas à un endroit donné, c'est la direction à prendre ou l'endroit où se trouve l'eau souterraine. Alors, à moins que vous n'ayez soif, remontez dans votre camion et continuez à prospérer.

Descriptions traditionnelles
Les descripteurs typiques sont : intuitif, réfléchi, curieux, pionnier, adaptable, sûr de lui, original et intelligent. Les aspects négatifs sont l'indécision, la timidité, la confusion, l'impulsivité et l'absence de but.

Jalons

Tous les mots suivants indiquent des directions ou des composantes différentes : Levure, Yacht, Yank, Yield, Yearn, Yell, Yes, Yin/Yang, Yummy et Yucky.

En tant que phase énergétique actuelle

Ce transit d'un an est assez simple. Une décision ou un choix sera fait. Il s'agira d'un choix volontaire ou forcé, qui a le potentiel de changer la direction et les circonstances de votre vie. Il peut se manifester de n'importe quelle manière, de l'entrée dans un couvent à l'inscription dans une école de médecine, en passant par un déménagement en Sibérie. Bien sûr, les situations normales impliquant le Y sont plus courantes : un changement de statut des relations personnelles, un changement de travail ou de domicile ; le fait est que cette énergie implique un changement de style de vie et de contenu et, s'il s'agit d'un choix, la décision finale devrait être basée sur ce que l'intuition dicte.

Si vous avez une ou plusieurs énergies Y dans votre nom, le simple fait de remplacer le Y par un I ne changera pas le nombre total de votre nom, car les deux nombres sont régis par le chiffre 1, mais cela supprimera l'essence de "carrefour" et la remplacera par un sens intuitif mis en évidence.

Z (valeur de 7) : éclair

Bien que sa forme soit inversée, le Z me rappelle toujours un éclair et la lettre N sur son côté. Les deux lettres sont liées en ce sens qu'elles sont toutes deux des doubles 7 entrelacés, et qu'elles sont toutes deux des conduits d'énergie hautement intuitifs et intellectuellement brillants que je perçois souvent comme de la haute tension. Dans le cas du Z, qui est régi par le 7, l'énergie rapide comme l'éclair et zigzagante est liée à la bouche et à ce qui en sort ; mais le Z ne prend pas la peine de se changer : ce qui sort de sa bouche est sans artifice et sans retenue. Le Z est le maître de la parole et l'utilise pour blesser ou guérir, parfois sans intention délibérée. Le Z peut être un orateur, un écrivain, un enseignant, un politicien ou un menteur convaincant. La différence entre cette lettre et une autre énergie vocale (C) est que le Z parle non seulement quand il devrait se taire, mais insiste pour parler même après qu'on lui ait dit de se taire. Z se considère comme l'informateur des faits (même lorsqu'ils sont manifestement erronés) et rien ne l'empêchera de dire ce qu'elle pense.

Voici une personne incroyablement intelligente qui, parfois, ne s'arrête pas pour réfléchir à l'impact de ses mots avant de les lancer. Cette personne pourrait également être parfaitement apte à raconter des histoires en dehors de l'école, à l'école ou ailleurs d'ailleurs. Les mensonges sont aussi faciles que les ragots pour le Z non éclairé. Les lettres environnantes et leurs effets sont certainement importants et détermineront jusqu'où ira le Z en question.

Un Z positif, qui a maîtrisé le défi du 7 (qui consiste à se concentrer sur le spirituel et le métaphysique par opposition au logique et au pratique) tiendra son public captivé et émerveillé par les mots qu'il prononce et peut être hystériquement drôle. Un Z négatif, qui a tendance à parler strictement à partir de la plate-forme froide et dure de la logique, tiendra son public captif : son magnétisme sert à attirer et à retenir un groupe de spectateurs fondamentalement réticents mais curieux.

En raison de sa propension à analyser tout ce qui l'entoure, le Z est également un excellent résolveur de problèmes ou détective. Il est aussi

extraordinairement doué pour les études et les activités mentales. En raison de sa nature analytique et contrôlante, le Z ou Cornerstone non développé n'est généralement pas un bon candidat au mariage ; cependant, si un Z se développe pour devenir la personne profondément spirituelle que ses valeurs triples 7 offrent, il aura du mal à trouver quelqu'un avec qui se lier à un niveau intime et ésotérique, mais s'il y parvient, ce sera une union faite au ciel ou dans un endroit proche.

D'un point de vue humoristique, le Z est plein de zèle et d'ardeur et, par conséquent, a besoin de débrancher de temps en temps. En d'autres termes, le Z typique a besoin de ses ZZZ.

Descriptions traditionnelles

Les descriptions typiques montrent que le Z positif est éloquent, confiant, direct, spirituel, vif d'esprit, plein de ressources, investigateur et dévoué. L'énergie Z négative peut apparaître comme insensible, effrontée, impatiente, insultante, trompeuse et critique.

Jalons

Les mots suivants font tous référence à une énergie tranchante ou à un certain niveau d'énergie : Zap, Zing, Zoom, Zip, Zany, Zealous, Zen, Zero, Zenith, Zoned et Zombie.

En tant que phase énergétique actuelle

Le règne de Z, d'une durée de 7 ans, est celui de la maîtrise intellectualisée de la parole. C'est une période de recherche scientifique, d'investigation des mystères et de traitement analytique. Cette capacité de traitement crée des avocats, des politiciens et des détectives redoutables. La leçon pour le 2 consiste à comprendre que les mots prononcés et la manière dont ils sont prononcés peuvent être créatifs ou destructeurs. Il s'agit alors de choisir entre utiliser les mots comme des armes ou les utiliser comme un baume curatif.

DERNIÈRES RÉFLEXIONS

Les Chaldéens croyaient au pouvoir divin et étaient donc très spirituels ; ils passaient une grande partie de leur temps à prendre conscience de leur environnement et des communications contenues dans toutes sortes d'événements quotidiens (ce que nous appellerions aujourd'hui l'observation des présages et du symbolisme).

Leur tâche, lorsqu'ils étaient sur Terre, consistait à diffuser des connaissances spirituelles et métaphysiques combinées à des moyens mathématiques, astronomiques, astrologiques, numérologiques, divinatoires, musicaux, médicaux et à d'autres systèmes que nous ne connaissons probablement pas.

 Considérés comme des devins et des prophètes, les Chaldéens vénéraient un Dieu responsable de "l'énergie derrière toutes choses", représenté par le symbole d'une demi-lune placée dans le cercle du soleil. Bien que leur culture comprenne un certain nombre de divinités mineures, leur dévotion suprême était réservée à ce Dieu unique de l'énergie, le Soleil, ou, selon moi, la Source. Ce thème de l'observation, du respect et du travail avec les énergies et les symboles traverse le tissu même de l'héritage laissé par ces peuples anciens et est particulièrement évident dans leur système numérologique.

Bien que personne ne puisse parler au nom de ces personnes très éloignées dans le temps, je crois pouvoir affirmer que l'énergie qu'elles honoraient et les pratiques spirituelles qu'elles observaient sont fondamentales pour la pratique et le don de la numérologie chaldéenne. Je pense également qu'ils seraient d'accord avec les points de vue et les méthodes suivants pour accéder aux aspects spirituels et obscurs de notre existence.

Croyez-vous qu'il y a plus dans cette réalité que ce que l'on voit ?
Croyez-vous qu'il puisse y avoir un autre élément en jeu : une énergie
que nous ne pouvons pas voir, toucher, sentir ou ressentir, mais qui est
néanmoins présente ? Puisque vous lisez ce livre, je me risquerais à dire
que vous pourriez répondre par l'affirmative, ou du moins par
l'affirmative. Cela signifie que vous faites partie d'un nombre croissant
de personnes dans le monde qui se "réveillent" et réalisent que la vie ne
se résume pas à une simple existence suivie d'une mort. Le concept
selon lequel nous, les esprits, vivons des expériences humaines a pris
racine et se développe à pas de géant, ce qui a créé un groupe croissant
d'"étudiants" à la recherche d'un enseignement supérieur, ce qui fait de
vous et moi des camarades de classe. Notre professeur est connu sous
de nombreux noms, tels que Divin, Source, Univers ou Dieu ; mais quel
que soit le nom, l'énergie avec laquelle nous cherchons à apprendre et à
nous connecter est la même : la sagesse divine, l'amour inconditionnel
et la connaissance illimitée.

Bien que tout le monde puisse s'inscrire, il y a deux conditions
préalables à ce "cours" que tout le monde peut suivre. L'une concerne
votre système de croyances, l'autre votre identité et ce que vous avez
fait. Examinons la première, la plus simple des deux. J'ai constaté que
les gens croient ou ne croient pas ; il y a rarement une zone grise.
Croire (ou avoir la foi) n'est pas un choix difficile, mais en termes de
croissance spirituelle et d'éducation, c'est extrêmement important. Sans
foi ni croyance, vous errerez dans cette vie sans fondement intérieur ni
système de soutien. Rien n'aura de sens, pas de façon durable.

La première condition préalable est donc que vous soyez prêt à
accepter quelque chose que vous ne pouvez pas voir et que vous
sachiez que ses énergies sont une constante dans votre vie, d'une
manière ou d'une autre, et que vous pouvez puiser dans ces énergies si
vous choisissez de le faire.

Vous devez également avoir une histoire personnelle qui comprend les
éléments suivants : bonnes actions, mauvaises actions et très mauvaises
actions. Vous devez avoir des qualités positives et négatives. Vous
devez également avoir un ou deux squelettes.

✴

dans l'armoire. Par essence, vous devez être un être humain et posséder tout ou partie des travers humains que nous partageons en tant qu'espèce.

la deuxième condition préalable est la volonté de s'accepter soi-même et d'accepter toutes ses faiblesses comme étant parfaitement intentionnelles. Cela nécessite une concession complète et totale à l'idée que l'histoire de votre vie et tout ce qui en fait partie faisait et fait partie de votre leçon, de votre chemin de vie, de la raison pour laquelle vous êtes ici, et de la raison pour laquelle vous êtes ici pour apprendre cette fois-ci, comme tout le monde. La numérologie chaldéenne nous enseigne que nous ne sommes pas parfaits, sinon elle ne serait pas pleine de contenu spirituel, de messages de sagesse et de motivation personnelle conçus spécifiquement pour le chercheur spirituel. Le fait est que vous devez être prêt à accepter que vous n'êtes pas parfait et que vous n'avez jamais été destiné à l'être.

Vous êtes venu ici avec un don spécifique et armé d'une sorte de "plan" (que l'on trouve dans votre nom et votre date de naissance) qui définit les directions générales que vous devriez idéalement prendre pendant votre séjour sur ce plan terrestre. Comme nous tous, vous avez le libre arbitre et vous pouvez choisir votre direction, mais elle vous mènera rarement là où vous voulez vraiment aller ; elle vous fera plutôt tourner en rond, vous conduira (par erreur) sur une série de très beaux chemins ou peut-être directement au cœur de la jungle la plus profonde, la plus sauvage, la plus indomptée. Mais le fait est que, même si nous avons une marge de manœuvre et que les paramètres de nos chemins de vie sont peu structurés, il faut être prêt à suivre les directions qui nous sont données. Mais comme rien n'est définitif, c'est à vous de choisir de suivre le chemin recommandé, de prendre un raccourci ou d'aller ailleurs. Ma suspicion, cependant, est une fois de plus liée au fait que vous êtes en train de lire ce livre.

Cela semble tentant, n'est-ce pas ? Se détendre dans ce que nous sommes vraiment : s'accepter pleinement et entièrement comme des êtres avec des faiblesses et des forces, parfaitement intentionnés et donc libres du besoin de s'attribuer ou de s'accabler de culpabilité, d'autosabotage, de colère, de frustration et de toutes les autres émotions et réactions négatives et prohibitives de l'être humain. Nous allons,

Bien sûr, nous connaîtrons toujours ces moments d'émotion pure qui nous submergeront, mais le fait de savoir que nous sommes parfaitement destinés nous permet de réussir et d'échouer en même temps, en toute chose et autant de fois qu'il le faut, pour apprendre la leçon spécifique liée à cet événement énergétique particulier.

Cette façon de voir les choses peut sembler trop simpliste, et c'est peut-être le cas, mais une fois que vous savez vraiment que vous n'êtes pas seul, que nous sommes tous interconnectés, qu'il existe une énergie innommée, inconnue, mais bien réelle, qui dépasse notre compréhension et que tout est comme il se doit, vous découvrirez naturellement aussi la Foi. Pour moi, la Foi est un sentiment paternel, comme un "Père" qui me protège. Je ne comprends pas toujours pourquoi certaines choses se produisent dans ma vie, mais même pendant les traumatismes et les drames, je savais que tout se passait comme prévu et que je n'avais pas besoin de savoir pourquoi. Il me suffisait d'avoir la foi que j'allais y arriver - et j'y suis toujours arrivée, parfois de manière absolument étonnante, incroyable et même miraculeuse... et c'était, sans aucun doute, grâce à ma foi, à ma croyance - appelez cela comme vous voulez. Tout ce que je sais, c'est que, comme le système chaldéen, il fonctionne.

Ne vous attendez pas à ce que les choses changent du jour au lendemain une fois que vous vous êtes "réveillé". Si vous êtes comme moi, il vous faudra un certain temps pour vous réveiller. Pendant longtemps, j'ai été engourdi et léthargique. En fait, il a fallu des années d'apprentissage, de lecture, d'étude, de pratique, de partage, d'écoute et de café pour que je puisse dire que j'étais presque pleinement conscient. Je dis "presque" parce qu'il y a toujours plus à voir, plus à entendre, plus à apprendre et plus à étudier. Chaque jour apporte de nouvelles révélations sur les profondeurs et les hauteurs que cet éveil peut atteindre, et cela ne s'arrêtera jamais. Il en va de même pour vous. Il en va de même pour nous tous.

✴

L'énergie est tout et tout est énergie

Les Chaldéens considéraient tout ce qui se trouvait sur, dans et au-delà de la Terre comme des formes d'énergie, ce qui est au cœur de leur système numérologique. Ceci étant dit, prenons un peu de recul et déplaçons-nous dans l'espace. D'un point de vue élevé

 au-dessus de la Terre, nous pouvons regarder vers le bas et voir notre magnifique monde bleu, vert, beige et blanc en dessous de nous. Nous observons également des réseaux, certains visibles, d'autres non. L'une est de nature électrique et peut être vue lorsque le ciel est sombre et que les Cités de lumière brillent, tandis que les autres sont invisibles. La plus évidente est le World Wide Web. Cette grille a des ramifications à la fois positives et négatives : son total est Master 33, ce qui nécessite une sorte de sacrifice, et les initiales de son identité sont 666. Une autre grille invisible est formée par une série de lignes dites Ley (lignes droites qui relient un site sacré à un autre - des sites tels que Stonehenge, les Pyramides, le Triangle des Bermudes et l'Île de Pâques, pour n'en citer que quelques-uns) ; on dit que là où ces lignes se croisent réside une immense source d'énergie. Une autre grille est formée par nos schémas de pensée collectifs et nos émissions émotionnelles. -Ce concept a été qualifié de "conscience de masse", ce qui est exactement ce qu'il est, et nous l'alimentons tous.

Tout ce que nous voyons sous nos pieds est formé d'une bande d'énergie matérielle (molécules en mouvement lent ou rapide) ou d'une autre : ces grilles superposées ou entrelacées peuvent être considérées comme une gigantesque matrice énergétique dont tout fait partie. Y compris vous.

Vous avez peut-être entendu parler de l'effet papillon. Selon cette théorie, un papillon pourrait battre des ailes quelque part en Suède et influencer les systèmes météorologiques du monde entier, jusqu'à provoquer une tornade aux Bahamas. C'est une histoire longue et compliquée qui a des liens étroits avec les mesures (et donc les mathématiques), mais l'idée est, encore une fois, que toutes les choses sont énergétiquement interconnectées, du plus petit détail au plus grand, et cela nous inclut tous. Nous sommes tous des formes d'énergie qui interagissent avec d'autres formes d'énergie. Par conséquent, nos formes-pensées, surtout si elles sont fortes et répétitives, ont le potentiel cumulatif de créer toutes sortes de vibrations, positives ou négatives. Cela dépend de nous, des pensées et des mots que nous choisissons de vivre. À plus grande échelle, ces mêmes pensées et mots forment une matrice énergétique distincte, bien qu'invisible. Pour que cette grille métaphysique fonctionne au maximum de ses performances, tous ses aspects doivent avoir un contenu similaire, car si un bug important se glisse dans le système, celui-ci ne fonctionnera plus comme un tout parfait ou en parfaite harmonie. (Pensez aux énergies des terroristes : leurs vibrations ne sont pas compatibles avec celles des amoureux de la paix, et c'est ainsi que le chaos s'installe dans la matrice).

Cependant, si votre travail au sein de ce système énergétique est pur, vous n'attirerez en retour que des énergies pures : vous obtenez ce que vous investissez. Il est évident que le positif attire le positif et vice versa. Si les ailes d'un papillon peuvent théoriquement influencer une autre partie du monde de manière importante, nous l'influençons également avec nos "ailes", qui sont produites par la qualité de nos pensées, de nos paroles, de nos croyances et de nos actions.

Une fois que nous avons pris conscience que nous avons, en tant que peuple, un immense potentiel pour changer notre situation, il faut révéler que ce potentiel commence avec chacun d'entre nous en tant qu'individu. Lorsque cette information est assimilée et comprise, les outils qui deviennent disponibles pour chacun d'entre nous dépassent l'imagination, peut-être même au-delà de l'imagination à ce stade. Mais tout est possible si l'on dispose de suffisamment de temps, d'informations et de besoins. Vous faites partie d'une immense grille énergétique aux multiples facettes. Cette grille fonctionne parfaitement et offre l'accomplissement exact des instructions de vos pensées. On pourrait comparer cela au fonctionnement linéaire d'un système informatique : une fois que vous avez compris les applications et la manière de les télécharger et de les utiliser, une incroyable étendue de possibilités devient votre panneau de contrôle et vous devenez le créateur de votre réalité. Pour certains, cela peut nécessiter de nombreuses années d'études disciplinées, d'engagement et de pratique, tandis que pour d'autres, il peut s'agir d'une simple décision de s'engager dans des intérêts qui ont déjà été cultivés, examinés et ruminés pendant un certain temps. Beaucoup d'entre nous travaillent avec des énergies de différentes manières et étudient leurs utilisations et leurs qualités magiques : je pense que les Chaldéens auraient compris, approuvé et encouragé.

Les pensées, les actions et les mots sont également porteurs d'énergie Il y a de l'énergie dans chaque action que nous accomplissons, chaque mot que nous prononçons et chaque pensée que nous avons. Et pour chaque action, parole et pensée, il y a une réaction et une réponse. Si ces actions, paroles et pensées sont positives, les réactions et les réponses à ces actions, paroles et pensées seront également positives. Inversement, le contraire est également vrai : les pensées, actions ou paroles négatives produiront des énergies et des résultats négatifs. Il en va de même pour la loi de l'attraction : la loi tant vantée peut être simplifiée en étant réellement et constamment conscient de ce que l'on pense, dit et fait, sachant que la qualité de nos énergies de pensées humaines combinées peut se concrétiser par des conséquences et des circonstances correspondantes, voire mondiales.

Ce à quoi vous prêtez attention, vous l'attirerez à vous. Il ne s'agit pas seulement d'avoir des pensées positives ou négatives : le contenu de vos pensées est également important. De nombreuses personnes pensent appliquer correctement la loi de l'attraction en demandant à l'Univers : "S'il te plaît, plus de factures ! Voici le problème : l'Univers se concentre sur la chose mentionnée dans la demande ou la pensée, donc s'il s'agit de factures, l'Univers s'exécutera et votre boîte aux lettres débordera de factures. Si vous vous concentrez sur le fait de ne pas "être toujours fauché", le mot que l'Univers capte et auquel il répond est "fauché", et vous continuerez à voir des papillons de nuit s'envoler de votre portefeuille ouvert.

La nature de l'univers étant de créer, la structure et le contenu des "ordres" que vous donnez (certains ont comparé l'univers et la loi de l'attraction à un catalogue cosmique qui donne des ordres) sont très importants et font une énorme différence dans vos résultats. En outre, il existe une différence entre vouloir et avoir besoin, de sorte que la méthode la plus efficace pour manifester est d'être motivé davantage par ce dont on a besoin que par ce que l'on veut. Les besoins sont des choses nécessaires, tandis que les désirs sont des envies qui sont souvent basées sur l'avidité ou l'autosatisfaction (qui est la voix de l'ego). Ainsi, la prochaine fois que vous souhaiterez ne pas avoir autant de factures, concentrez-vous sur le besoin d'argent supplémentaire.

Ce lien s'étend également à l'état physique du corps. Les pensées négatives et dépressives se matérialisent sous la forme d'énergies malades, tout comme une pensée du type : "Je ne veux pas avoir le cancer". L'Univers entend parler du "cancer" et essaiera de vous donner ce que vous avez demandé, surtout si vous vous inquiétez constamment ou si vous envoyez des schémas de pensée de soutien à ce sujet.

Vous avez certainement déjà rencontré le terme "dis-ease" (malaise) lorsqu'il s'agit de maladie. Cela signifie qu'il existe un déséquilibre des énergies de pensée qui peut entraîner un déséquilibre ou un malaise dans le corps. Si nous laissons les problèmes émotionnels mûrir et s'envenimer dans notre psyché, il est très probable que cette énergie toxique et destructrice aura un impact négatif sur notre corps et se concrétisera par toutes sortes de malaises. C'est une raison de plus pour prendre conscience de ce que vous pensez et de la façon dont vous "programmez" énergétiquement votre corps.

Vos pensées, vos paroles et vos actions sont des "choses" de substance. Prendre conscience des types d'énergies que vous engagez et encouragez aura un impact sur votre vie en corrélation directe : le bien avec le bien et le mal avec le mal. Reconnaître les différences, programmer la positivité et "garder la foi" ne peut qu'aider à accélérer votre progrès spirituel et peut-être même à améliorer l'état de votre corps physique.

Les émotions sont de l'énergie, et l'une d'entre elles est comme une mauvaise herbe

Vous connaissez le pouvoir des émotions, mais vous ne savez peut-être pas qu'elles sont également porteuses et émettrices d'énergie, et que plus l'émotion est intense, plus l'émission l'est aussi. Vous souvenez-vous d'une fois où vous êtes allé faire des courses et où tout le monde vous a semblé particulièrement gentil ? Ou d'une autre fois où tout le monde semblait particulièrement grincheux ? Si vous êtes honnête avec vous-même, je parie qu'une petite cloche a retenti quelque part au fond de votre esprit. Les détails ne sont pas importants, mais le fait qu'un réflexe énergétique se soit produit l'est. Pensez-y à nouveau. Vous souvenez-vous de l'humeur dans laquelle vous étiez ce jour-là ?

L'énergie est l'énergie et les émotions négatives ou lourdes sont parmi les plus fortes de la matrice énergétique humaine. Par conséquent, ce que vous projetez et la manière dont vous le faites sont ce que vous recevrez en retour. Des images plus grandes d'événements et de manifestations projettent des impressions énergétiques plus puissantes et plus durables : voilà une bonne raison de devenir plus conscient de ce que nous projetons, n'est-ce pas ? Mais ce n'est pas le point principal qui nous intéresse. L'émotion qui nous fait le plus peur est la suivante.

De tous nos sentiments, la peur est le plus intense ; elle peut nous paralyser comme un cerf sous la lumière du soleil. Bien qu'elle s'applique à une myriade de situations, dont certaines sont protectrices et positives (comme la peur de cette silhouette sombre au fond de l'allée), celles qui nous affectent le plus intimement se trouvent dans la peur de deux choses spécifiques : le succès et l'échec. Bien que nous puissions craindre l'un plus ouvertement que l'autre, les deux se heurtent, consciemment ou inconsciemment. Le succès et l'échec étant les deux faces d'une même pièce, la seule façon de réussir est d'assumer ouvertement notre peur et tout ce qu'elle implique. L'échec peut être vécu sans succès, mais le succès ne peut être vécu sans échec. En d'autres termes, si tout ce que vous essayez fonctionnait parfaitement à chaque fois, vous n'auriez aucun cadre de référence pour mesurer votre succès. L'échec est un élément nécessaire pour connaître et apprécier le véritable succès. Nous connaissons tous des échecs, peut-être même plusieurs, mais qu'en est-il des réussites ? Si vous êtes comme la plupart des gens normaux, vous avez connu des triomphes et des victoires, mais qu'en est-il des grandes réussites ? Combien en avez-vous eu ? Pouvez-vous dire que votre situation financière est bonne ? Pouvez-vous dire que vous faites ce que vous aimez ? Si la réponse à ces deux questions est oui, alors le pouvoir vous appartient, mais si vous êtes comme la plupart d'entre nous, la réponse est généralement non. Mais aimeriez-vous qu'il en soit ainsi ? La réponse est évidente, n'est-ce pas ?

La balance est clairement déséquilibrée lorsqu'on la regarde dans son ensemble. Les histoires d'échecs, de lacunes et de pertes abondent, tandis que les histoires de succès sont plus rares, ce qui explique probablement pourquoi elles sont célébrées lorsqu'elles se produisent. Les raisons pour lesquelles tout le monde craint le succès sont si nombreuses qu'il serait littéralement impossible de les énumérer toutes, mais un thème semble être commun, à savoir qu'une fois le succès atteint, que se passe-t-il ? Avez-vous déjà entendu le dicton "vous n'êtes bon que dans la mesure où vous avez joué votre dernier rôle, écrit votre dernier livre, vendu votre maison, votre voiture ou votre voyage" ? Comment "améliorer" un succès ? Comment le répéter ? Comment l'entretenir ? C'est l'une des principales raisons pour lesquelles de nombreuses personnes s'auto-sabotent. Nous n'avons pas peur du succès - tout le monde aime gagner ! C'est plutôt la peur de la suite qui nous empêche de réussir. Selon moi, le succès est ce qu'il est. Une fois atteint, il n'est jamais perdu, il appartient simplement au passé. Et en regardant vers l'avant avec des yeux intérieurs, on découvre le prochain panneau de signalisation, ce n'est donc qu'un pas de plus sur le chemin.

Cependant, même avec les meilleures intentions du monde, la peur n'est pas une émotion facile à éradiquer. Elle a souvent des racines très profondes qu'il est presque impossible d'enlever complètement, un peu comme les pissenlits : si vous en enlevez un, trois autres poussent. Il faut donc se battre pour maîtriser cette mauvaise herbe, mais c'est là qu'intervient la foi dans le fait que tout se passe exactement comme prévu, ainsi que l'acceptation du fait que tout dans cette vie a un but, qui est de vous enseigner quelque chose. La peur n'est donc qu'une autre courbe d'apprentissage et il n'y a rien à craindre.

Si nous parvenons à comprendre l'idée "à chaque chose sa raison" et à nous accrocher à notre foi, il n'y a plus de raison d'avoir peur. La certitude d'être relié à un élément supérieur apaise l'esprit et l'âme : savoir que l'on fait exactement ce qu'il faut à chaque instant dilue la peur de l'inconnu. Et c'est précisément ce qui fait peur : l'inconnu. La peur est fondée sur l'ego, comme la peur de ne pas avoir assez ou de perdre ce que nous avons : l'argent, la santé, l'apparence, le travail, l'amour, etc. Une fois que nous avons compris que nous ne sommes pas nos corps, mais les esprits qui y résident, et que ce monde et ses habitants sont semblables à des élèves dans une salle de classe assez grande, nous pouvons apprendre à nous détendre et à attendre l'arrivée du prochain professeur et de la prochaine leçon.

... la seule chose que nous ayons à craindre est la peur elle-même.

Croire ou ne pas croire

Tout aussi important est votre niveau de croyance (et cela s'applique à toutes les choses métaphysiques ou spirituelles) : si vous ne croyez pas que vous pouvez puiser dans une source invisible, ou même qu'il en existe une, vous n'aurez pas accès à ses possibilités. Votre doute contrôlé par l'ego vous entravera solidement. Si vous ressentez une pointe de doute, pensez à l'air que vous respirez en ce moment. Essayez de le toucher, de le goûter, de le sentir, de le voir ou de le sentir et vous échouerez. Aucun de vos sens ne peut prouver que l'air existe, et pourtant, sans lui, vous mourrez. De même, lorsque le soleil disparaît dans un ciel lunaire ou la lune dans un ciel clair, nous jurons par tout ce qui nous est cher qu'ils sont toujours là, même si nous ne les voyons pas. Telle est l'essence de la foi : la conviction, à un niveau profond et viscéral, qu'il existe quelque chose que nous ne pouvons ni voir ni confirmer avec nos sens humains. Nous savons également que cette énergie est quelque chose à laquelle nous pouvons nous connecter et qu'elle répondra à nos besoins tels qu'ils sont proposés par nos pensées, nos paroles et nos actions, tout en connaissant nos véritables besoins et en nous fournissant ce qui est le plus bénéfique pour nous à ce moment-là.

Supposons par exemple que vous ayez vraiment besoin d'une augmentation et que la promotion que vous visez vous permette de l'obtenir. C'est sur cette énergie que vous vous êtes concentré, en passant l'entretien et en remplissant les formalités administratives. Mais au lieu d'être promu, vous êtes brusquement licencié. C'est incroyable. Cela aurait tendance à créer un scepticisme immédiat, n'est-ce pas ? Mais c'est là que garder la foi est vraiment la chose la plus importante que vous puissiez faire ; la perdre reviendrait à s'asseoir au milieu de ce long tunnel sombre dont j'ai parlé plus haut. L'Univers sait mieux que vous ce dont vous avez besoin.

Imaginez ceci, si vous le voulez bien. Une semaine environ après avoir été licencié, une offre d'emploi vous parvient de manière inattendue. Vous postulez et obtenez le poste, qui s'avère plus lucratif qu'une promotion et, plus important encore, est aussi le travail le plus agréable et le plus gratifiant que vous ayez jamais eu. Ce que vous ne saviez pas (et ne pouviez pas savoir), c'est que si vous aviez obtenu la promotion, vous auriez grimpé de quelques étages et vous auriez accédé à un bureau d'angle, à une succursale de l'enfer. En peu de temps, vous vous seriez retrouvé au chômage. Et vous auriez perdu le travail de vos rêves.

Voyez-vous comment l'Univers vous donne ce dont vous avez besoin ? Nous n'avons pas besoin de connaître le pourquoi et le comment, nous devons simplement savoir dans notre cœur que nous sommes connectés et que nous sommes protégés. Et la confiance dans le monde de l'énergie et dans une source supérieure est sa propre récompense.

Cela s'applique également à la lecture des énergies de votre nom et de votre date de naissance ; si vous n'absorbez pas et ne croyez pas vraiment ce que vous lisez et si vous n'écoutez pas ce que cela vous dit, alors cela ne fera rien pour vous. Croyez ce que l'on vous dit et votre vie, telle qu'elle est actuellement, pourrait être révisée.

Suivez votre rêve : c'est votre cadeau

Disons qu'à partir d'aujourd'hui, vous n'êtes plus retenu par la peur ou, du moins, qu'elle ne vous affecte plus autant. Il y a un certain émerveillement dans cette prise de conscience, une légère excitation, parce que vous savez que vous avez ouvert ou éliminé une sorte de blocage et que le niveau de menace a été réduit. Vous êtes plus enclin à suivre votre rêve, à lui permettre de se réaliser et à l'inviter.

Mais quel est votre rêve ?

Si tu ne le sais pas, tourne-toi vers les essences de ton âme ou de ton nom intérieur et vers ton chemin de vie. Comme mes énergies répétitives 1 et 3 de l'âme intérieure indiquent le besoin d'expression artistique, vos chiffres et vos lettres vous parleront. Si vous n'êtes toujours pas sûr, revenez en arrière, car la réponse se trouve souvent dans l'enfance et la prime jeunesse et se rapporte à des activités que vous avez particulièrement appréciées ou dont vous avez rêvé, tout en les reconnaissant pour le rêve qu'elles étaient à l'époque. Il peut également s'agir d'un intérêt permanent. Pour moi, c'était les livres. J'aimais lire dès que j'en avais l'occasion ; j'écrivais des livres de poésie et j'obtenais presque toujours des notes parfaites aux tests d'anglais et aux compositions, mais pendant de nombreuses années, je n'ai pas réalisé que c'était peut-être l'écriture qui était mon "truc". Ainsi, trouver le vôtre peut être une évidence ou nécessiter un peu de recherche. Tout ce qu'il faut, c'est un peu de dévouement et de détermination... et peut-être un peu de rêverie.

En observant vos valeurs numériques et littérales les plus fortes (la plus grande quantité de chacune) et votre numéro de chemin de vie, vous devriez avoir une assez bonne idée de vos points forts, et cette observation devrait vous aider à vous rappeler les choses que vous aimiez faire lorsque vous étiez enfant ou jeune adulte. Si, par exemple, vous avez un penchant artistique élevé (surtout les numéros 1, 3, 6, 9 et le Maître 11 ou 22) et que votre rêve a toujours été de sculpter des figures dans des morceaux de bois, alors c'est le cadeau que vous avez reçu de l'Univers : la capacité de créer une image et de lui donner vie à l'aide d'un simple morceau de bois et d'un couteau à découper. Vous êtes peut-être avocat et l'idée de devenir sculpteur sur bois vous rend fou : tant mieux ! Le rire est un remède pour l'âme. Après avoir cessé de rire, allez chercher un morceau de bois, un couteau à sculpter et du papier de verre et voyez ce qui se passe, tant sur le plan émotionnel que matériel. Après tout, où est-il écrit qu'un avocat ne peut pas être sculpteur sur bois ? Ou qu'un avocat ne peut pas prendre sa retraite pour devenir un artiste à succès ? Rien n'est gravé dans la pierre (ou dans le bois) : tout est possible. Il n'y a pas de règles en ce qui concerne les formes que peuvent prendre les expressions artistiques. Et ce, quel que soit le talent ou la prédilection dont vous avez été doté par votre parcours de vie.

Et comment savoir si vous utilisez déjà votre don ? Si c'est le cas, vous vous sentirez motivé pour vous lever le matin et impatient de commencer votre travail, quelle qu'en soit la forme. Vous vous sentirez serein, gratifié et reconnaissant. Vous apprécierez votre existence et vous vous sentirez relié à quelque chose de plus grand que vous.

En revanche, si vous n'utilisez pas votre don, vous pouvez vous sentir frustré et limité, comme s'il vous manquait quelque chose. Il peut y avoir un sentiment d'insatisfaction ou d'enfermement qui concerne l'ensemble de votre vie et de vos circonstances. La principale indication que vous n'utilisez pas votre don est l'ennui. Un ennui insoutenable.

La seule façon de trouver la paix personnelle et la tranquillité d'esprit est de faire ce qui vient naturellement. Je veux dire par là que vous devez suivre votre instinct pour faire ce que vous aimez le plus. Il peut s'agir de quelque chose d'ancien, de quelque chose qui s'est estompé dans la tapisserie de votre vie, mais qui est toujours là et qui peut être adapté au présent. L'Univers le plantera littéralement devant vous si vous êtes vraiment prêt et ouvert à le recevoir. Qu'aimez-vous faire ? Si vous consacrez suffisamment de temps et de réflexion à cette question, la réponse viendra. Trouvez votre don en étant ouvert à le recevoir. Et oui, je parle d'expérience.

Ce que nous cherchons tous et où il se cache

La chose sur laquelle la plupart d'entre nous se concentrent, individuellement et en tant que société, est de trouver et d'expérimenter l'amour dans sa forme la plus pure. Cela semble facile, n'est-ce pas ? Mais comme il s'agit de la raison ultime pour laquelle nous sommes tous ici et qu'il est au cœur des leçons que nous essayons toujours d'apprendre, ce n'est évidemment pas aussi facile que cela en a l'air. Et tout revient à cette vérité ancienne, quoique banale, selon laquelle il faut s'aimer soi-même avant d'être en mesure d'étendre ce don aux autres. Nous pouvons dire que nous comprenons, mais est-ce vraiment le cas ? Je me demande combien d'entre nous sont coincés dans la partie "s'aimer soi-même". Avec tous nos défauts, notre passé troublé et les jugements portés sur notre histoire et nos actions, comment pouvons-nous honnêtement grandir et nous aimer suffisamment pour partager un amour pur avec les autres ?

Une fois de plus, la numérologie chaldéenne nous donne la réponse : il s'agit d'accepter que nous sommes exactement qui et comment l'Univers a voulu que nous soyons. Il n'y a pas d'erreur. Vous êtes aussi parfaits dans vos imperfections que je le suis dans les miennes. Une fois que nous avons assimilé ce simple fait et compris que nous sommes tous des enseignants et des élèves les uns pour les autres, nous pouvons nous accepter comme nous le ferions avec une autre personne et nous connecter avec nous-mêmes comme nous le ferions avec quelqu'un qui nous tient vraiment à cœur. Nous devons apprendre à être notre propre meilleur ami et à nous traiter avec la même indulgence et la même compassion que nous offririons naturellement à de bons amis... et même à des étrangers.

Nous avons tous les mêmes émotions, même si certains les répriment ou les cachent plus efficacement que d'autres. Nous sommes comme des pierres précieuses non taillées qui sont là pour être façonnées et polies par l'interaction humaine. Comprendre que nous sommes tous "taillés dans la même pierre" nous aide à nous rappeler que nous sommes tous (en tant qu'esprits vivant des expériences humaines) essentiellement les mêmes. Nous sommes tous égaux et méritons d'être aimés : une pensée qui, pour beaucoup, est plus facile à appliquer aux autres qu'à soi-même, mais même dans ce cas, tout est possible si l'on a suffisamment de Foi.

Par conséquent, pour aimer l'autre, nous devons d'abord accepter que nous sommes exactement ce que nous sommes censés être et que nous avons été conçus de cette manière. Nous sommes parfaitement conçus par le Divin. Par conséquent, la base de l'amour inconditionnel repose sur l'acceptation de soi, car ce n'est que lorsque nous pouvons honorer, respecter et aimer les êtres spirituels à forme humaine que nous sommes vraiment, que nous sommes en mesure d'étendre cette énergie propre et non exigeante aux autres... et vous êtes le point de départ. Vous êtes le noyau de l'amour inconditionnel, et moi aussi.

Et oui, c'est la leçon ultime : apprendre à s'accepter, à s'apprécier et, en fin de compte, à s'aimer. Cela signifie qu'il faut croire qu'il y a un plan pour vous et qu'il y a une raison pour laquelle vous êtes ici. Encore une fois, c'est le but de la numérologie chaldéenne : vous aider à découvrir votre voie, vos forces, vos faiblesses, vos talents et votre véritable essence. Tous les chemins chaldéens mènent à un amour sain et librement partagé. Une fois que cet objectif est atteint et que nous sommes tous une classe diplômée, notre pouvoir collectif est considérable.

Il y a beaucoup à apprendre et cela commence avec vous... et avec moi... et avec votre voisin... et avec mon voisin... et les connexions se poursuivent le long de la grille jusqu'à ce qu'elles nous englobent tous.

Dans cette école cosmique, les outils d'apprentissage peuvent être uniques, et la numérologie chaldéenne offre à tous les étudiants de la vie l'opportunité de faire une étude approfondie d'eux-mêmes et de suivre leur croissance spirituelle avec une plus grande compréhension. Comme un manuel, le catalogue de la numérologie chaldéenne est conçu pour aider dans tous les domaines d'étude et devrait idéalement accompagner chaque étudiant à chaque leçon.

Il existe plusieurs catégories supplémentaires dans cet abécédaire, toutes destinées à ouvrir nos sens afin que nous puissions interagir avec l'énergie universelle et écouter ses messages plus efficacement, la plus puissante d'entre elles étant l'intuition.

Avez-vous déjà éprouvé un "sentiment étrange" ?

Vous souvenez-vous de cette fois où vous avez eu un "sentiment étrange" à propos de quelque chose que vous avez ignoré, pour vous entendre dire : "Je savais que cela arriverait" ? Moi aussi, j'ai mis longtemps à comprendre qu'il ne s'agissait pas d'un simple hasard. D'une certaine manière, je connaissais le résultat d'une chose avant qu'elle ne se produise, ou je savais quel serait le résultat si l'on faisait quelque chose d'une certaine manière, à un moment ou à un endroit précis. Mon intuition la plus forte est activée lorsque quelqu'un ou quelque chose de dangereux ou de déséquilibré entre dans mon espace personnel (cela n'arrive pas souvent, heureusement). La vibration interne est si forte que j'ai l'impression que mes entrailles bourdonnent : nous connaissons tous ce sentiment, mais nous ne le remarquons pas lorsque son ton est plus calme et plus facile à gérer.

L'intuition (ou sixième sens) est notre sens protecteur et nous pouvons tous l'écouter si nous le voulons. Bien qu'elle soit appelée "sens", elle n'est pas reconnue scientifiquement comme telle ; cependant, elle existe et est réelle. Nos cinq sens traditionnels sont fabriqués par l'homme - ils consistent en ce que nos appendices physiques disent à notre cerveau - mais le sixième sens est "externe", il n'appartient pas au corps humain. Cependant, parce qu'il ne peut pas être facilement expliqué, on a tendance à le rejeter comme étant non scientifique et non prouvé et, par conséquent, essentiellement non pertinent. La plupart du temps, il est donc ignoré.

L'intuition agit principalement comme un système d'alarme : dans 99% des cas, le message reçu concerne un danger quelconque ou la nécessité d'être vigilant ou conscient, ce qui se traduit souvent par des sentiments de méfiance ou de malaise qui indiquent généralement la présence d'énergies ou de circonstances douteuses. Ce sentiment peut chuchoter lorsqu'on s'interroge sur la fiabilité d'une personne, la justesse d'une offre d'emploi, le résultat d'une certaine action ou même quelque chose d'aussi trivial que de ne pas s'arrêter au magasin sur le chemin du retour alors que cette voix a chuchoté quelque chose à propos du papier toilette, mais vous ignorez ce sentiment étrange : cela doit être faux, n'est-ce pas ? C'est faux. L'intuition ne se trompe jamais. Mais en écoutant trop tard, vous restez assis chez vous, tout seul, peut-être un peu plus triste et plus sage, mais toujours sans aucun point de repère.

Apprendre à écouter et à prêter attention aux messages de notre intuition fait partie intégrante de la connexion avec l'Univers : ces messages sont des communications de cette énergie mystérieuse mais très réelle et peuvent être aussi rudimentaires qu'un besoin de papier toilette ou aussi dramatiques qu'un sentiment soudain et accablant de danger qui vous pousse à fuir de toutes les fibres de votre être.

On me demande souvent comment on peut distinguer cette voix des autres voix dans sa tête suffisamment pour savoir ce qu'est la voix de l'intuition, et ma réponse est que l'intuition est un sentiment plutôt qu'une voix. Il s'agit plutôt d'une certitude, d'un instinct, d'une connaissance profonde qu'il est difficile d'exprimer par des mots. Elle n'est pas centrée sur le cerveau, comme une pensée ou une conversation avec soi-même, mais est une "impression sensorielle". On le sait et c'est généralement quelque chose qui échappe à toute explication, mais qui finira par prendre la forme de mots ou de pensées en passant des tripes au cerveau, d'où le terme de "voix" utilisé pour décrire cette sensation.

Par exemple, si vous envisagez de prendre un ferry pour vous rendre sur une île et que vous avez un mauvais pressentiment, allez-y un autre jour. Si vous envisagez d'emprunter la voiture de votre sœur pour aller faire des courses et que vous avez un mauvais pressentiment, prenez le bus ou n'y allez pas du tout. Si tu es à une fête, qu'un homme t'aborde et te demande de descendre avec lui et que tu as un mauvais pressentiment, reste où tu es. (Il y a bien longtemps, je me souviens avoir reçu une invitation à participer à une fête à bord d'un yacht. Il faisait chaud et moi aussi, mais quelque chose m'a dit de refuser, même si c'était très tentant. Plus tard dans la soirée, j'ai appris que ce même yacht s'était écrasé sur un récif et avait coulé, laissant tous les passagers flotter dans l'océan jusqu'à ce qu'ils soient secourus par les garde-côtes).

Rendre les choses plus complexes que nécessaire : si cela semble faux, ne le faites pas. De même, vous devez apprendre à distinguer les voix de la peur de celles de l'intuition. Rappelez-vous que la peur est basée sur l'ego, alors que la voix de l'intuition est un sentiment profond de connaissance. Elle est ressentie en vous avant de prendre une forme de pensée.

L'intuition peut également offrir des perspectives rares grâce, par exemple, à des techniques de divination telles que les cartes de tarot, les pendules ou les runes. Lorsque nos pensées sont concentrées et que notre foi est centrée sur cet élément invisible, l'intuition peut faire des miracles. Si elle répond à des questions ou présente des images des énergies actuelles, elle peut aussi offrir des messages inattendus et sublimes qui expriment des vérités simples et sacrées. Plus vous honorez l'intuition divine en ajustant vos actions en réponse aux avertissements, plus vous et ce sixième sens serez en phase et plus vous recevrez de messages. Là encore, le temps et la pratique sont essentiels ; l'ego est un énorme monstre doté d'une incroyable durée de vie et il n'accepte pas volontiers les connaissances qu'il ne peut pas classer scientifiquement. Je travaille avec l'intuition depuis des années et il m'arrive encore de l'ignorer. Étrangement, cependant, je suis conscient d'ignorer cette voix ... et d'attendre le résultat. C'est comme si je testais le système. Croyez-moi, ces occasions ont été pour moi de formidables cours de remise à niveau et je me suis même surpris à rire de l'audace de l'Univers, car certaines leçons étaient très drôles : l'Univers a le sens de l'humour, sans aucun doute ! Quelle découverte hilarante !

Symbolisme et présages

Un autre élément de la vie quotidienne apparaît dans le langage des symboles qui se réfère aux signes très réels qui vous entourent chaque jour. Cela s'applique aussi bien aux rêves qu'à la vie éveillée et est très simple et très personnel, car la signification d'une grenouille pour votre voisin n'est pas nécessairement la même que celle d'une grenouille pour vous. Votre voisine peut y voir une chose à embrasser dans l'espoir de trouver son prince, tandis que vous pouvez y voir quelque chose de dégoûtant et de visqueux qui vous donnera des verrues. Très personnel. Les livres de rêves peuvent être utiles d'une manière générale lorsqu'ils s'appliquent aux symboles et au contenu des rêves, mais vous êtes le seul à pouvoir lire avec précision les symboles, qu'ils apparaissent dans un rêve ou en marchant dans la rue.

Les symboles de la vie quotidienne se présentent sous des formes et des styles très variés. Ils peuvent prendre la forme d'une voiture qui ne démarre pas (où allais-tu ?), d'une horloge qui s'arrête...

(le temps a-t-il manqué à quelqu'un ou à quelque chose ?), les numéros de téléphone qui ne se connectent pas (qui essayez-vous de joindre et pourquoi ?), les mots pris en passant (à quoi pensiez-vous ?) et des milliers d'autres choses. Le secret est d'en prendre conscience et de comprendre comment elles sont liées aux choses de votre vie, notamment celles qui sont particulièrement importantes à ce moment-là.

Supposons que vous vous promeniez dans le centre-ville en pensant à votre voyage à Boise, Idaho. Pour une raison ou une autre, vous vous inquiétez de l'hôtel que vous venez de réserver. Dans la direction opposée, deux hommes d'affaires s'approchent de vous et discutent.

Vous les remarquez vaguement et continuez à vous préoccuper de l'hôtel. Alors qu'ils vous dépassent, vous saisissez une bribe de leur conversation : ils parlent d'un hôtel. L'un dit à l'autre "c'est super, tu vas adorer !" et leurs voix s'éteignent brusquement.

Ressentez-vous le message qui vous est destiné ? C'est là le cœur du symbolisme : reconnaître les messages, où qu'ils apparaissent, que ce soit à travers des conversations entendues, des signes qui apparaissent dans des réponses apparentes à vos questions non exprimées, ou des événements étranges qui semblent correspondre à votre situation. C'est prendre conscience des choses qui vous entourent d'une manière totalement nouvelle. Si l'Univers est une gigantesque matrice d'énergie et que vous en faites partie, il est logique qu'il y ait un autre niveau de communication autour de vous qui vous aide si vous choisissez d'entendre ou de voir ses messages.

Les présages sont plus étroitement liés à l'intuition et se produisent lorsqu'un phénomène étrange se produit.

Ce sentiment est associé à quelque chose que l'on voit, que l'on entend ou dont on fait l'expérience dans le cadre de la vie quotidienne et généralement de manière répétitive ; lus ensemble, ils constituent un message indiquant que quelque chose ne va pas.

Supposons que vous fréquentiez quelqu'un qui vous semble sympathique, mais que vous ayez un étrange sentiment sous-jacent à l'égard de cette personne, comme un sentiment d'"attention". Un matin, vous vous arrêtez pour prendre un café à votre endroit habituel, vous prenez un journal et vous vous installez pour une bonne lecture. À la deuxième page, il y a un article sur une personne qui a fait quelque chose de terrible et dont la photo vous rappelle la personne que vous avez vue. Non seulement cela, mais il y a d'autres similitudes entre les deux : même âge, même carrière... une simple coïncidence, vous dites-vous (même si vous n'y croyez pas, n'est-ce pas ?). Vous quittez le bar et l'article se perd dans les événements de la matinée.

Plus tard, vous déjeunez avec votre ami dans un restaurant local et sur la table, étalé devant vous comme un tapis de bienvenue, se trouve l'article exact que vous avez lu le matin même en prenant votre café.

✴

Une fois de plus, vous êtes frappé par les similitudes de la photo, mais cette fois vous remarquez le nom du journaliste, et le prénom est le même que celui de la personne que vous avez vue.

Cela pourrait être considéré comme un "mauvais présage", et même un mauvais présage. Si j'étais vous, je pense que je pourrais envisager une vérification des antécédents à ce stade. Et je parie que vous ne seriez pas trop surpris si je trouvais quelque chose. Hypothétiquement parlant, bien sûr.

Synchronicité

Les énergies qui se déplacent avec le flux énergétique au lieu de s'y opposer feront naturellement l'expérience de la synchronicité. Supposons que vous pensiez à votre tante depuis quelques jours et que vous décidiez enfin de l'appeler. Cela fait des mois que vous ne l'avez pas vue ni parlée. Vous êtes donc assis, le téléphone à la main, essayant de trouver le courage de composer son numéro (elle vous a toujours fait peur lorsque vous étiez enfant), lorsque le téléphone sonne. Devinez de qui il s'agit.

Comment cela est-il possible ? C'est en fait très simple : en pensant à votre tante, vous lui avez envoyé vos ondes énergétiques de pensée ; elle les a captées (inconsciemment) et a commencé à vous envoyer les siennes. Elle pourrait même vous dire que vous avez été très présent dans son esprit ces derniers temps et vous pourriez penser "quelle coïncidence", puisqu'elle a également été présente dans le vôtre. Mais il n'y a pas de coïncidences. Il n'y a que de l'énergie et lorsqu'elle circule dans la même direction ou vers le même but et sur le même chemin, elle produit une synchronicité. Vous et votre tante avez été momentanément "en phase" l'un avec l'autre.

Ou imaginez que vous recherchiez un livre particulier, un livre dont l'édition est épuisée.

et donc difficiles à trouver. Rencontrez un vieil ami dans l'une des nombreuses librairies que vous avez fréquentées au cours de votre recherche et commencez à parler de bons livres. Mentionnez ce que vous cherchez - et il se trouve qu'il en a un exemplaire chez lui, qu'il se fera un plaisir de vous prêter. Optez pour le court

Vous vous rendez chez lui, partagez une tasse de café et repartez avec ce livre qui, quelques heures auparavant, vous semblait impossible dans tous les sens du terme. C'est un exemple de syntonie entre vous et les énergies universelles.

Ce genre de choses vous est-il déjà arrivé ? Je parie que vous pouvez trouver au moins un exemple dans votre vie. Plus vous en prendrez conscience, plus les synchronicités se multiplieront et plus vous vous sentirez en phase avec la réalité.

Déjà vu

Avez-vous déjà eu la forte impression d'être déjà allé à un certain endroit, alors que vous savez que vous n'y êtes jamais allé ? Peut-être avez-vous déjà éprouvé le sentiment étrange d'avoir déjà vécu un événement ou un moment précis ? Je pense que cela est arrivé à tout le monde. Nous l'appelons "déjà vu", nous y réfléchissons quelques instants, nous nous en débarrassons et nous reprenons notre route. S'agit-il d'une autre forme de mémoire sensorielle ou de quelque chose de plus ?

Vous avez peut-être entendu parler du concept selon lequel chacun d'entre nous voyage à travers différentes incarnations, et c'est là que le terme de réincarnation entre en jeu. Il s'agit d'un sujet très controversé, mais je pense qu'il convient de noter que, malgré cette controverse, la réincarnation est présente dans presque tous les systèmes religieux et de croyance, d'une manière ou d'une autre. Certains pensent qu'il s'agit d'une "échappatoire" pour le jugement final de Dieu, tandis que d'autres estiment que seules les personnes extrêmement mauvaises devraient revenir (pour s'amender). J'appartiens au groupe qui croit que la réincarnation est un élément accepté dans l'acquisition de la connaissance ésotérique et le développement spirituel : la façon dont nous nous comportons dans cette incarnation est directement liée à la façon dont nous nous comporterons dans la suivante et ainsi de suite... et notre performance dictera la fréquence à laquelle nous expérimentons la forme physique sur ce plan terrestre et le temps qu'il faudra à chacun d'entre nous pour "obtenir son diplôme".

C'est pourquoi, à mon avis, il vaut la peine d'examiner toutes les informations dont nous disposons pour améliorer notre position. Nous n'avons rien à perdre et potentiellement tout à gagner en recherchant activement des connaissances dans chaque "livre" de notre immense bibliothèque de vie, qui ne cesse de s'agrandir. La numérologie chaldéenne n'est qu'un de ces "livres" : il y en a beaucoup d'autres qui ne demandent qu'à être découverts. D'un point de vue métaphysique et spirituel, la connaissance est un pouvoir et, en plus de rendre votre vie plus satisfaisante, elle pourrait être votre ticket pour la victoire finale et l'obtention d'un "diplôme".

Dernières réflexions

Références bibliographiques
et lectures recommandées

- **Numérologie ésotérique évolutive** - Templum Dianae Media - 2023
- **Le nombre d'anges** - Templum Dianae Media - 2023